美國

Jean Baudrillard

尚・布希亞

吳昌杰 譯

黃雅嫺 審閱

Amérique

Amérique

目次

點

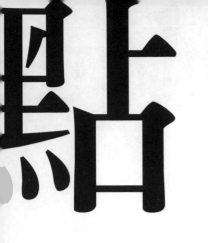

消失

//////////////////////// Vanishing Point

注意：鏡子裡的物體可能比看起來還要靠近一些！

德州的小山丘及新墨西哥州的鋸齒狀山脈，望之一片浩瀚——懷念的情緒因而湧上心頭。順道高速公路而下，克萊斯勒車內立體音響播放的熱門歌曲及空氣中的熱浪——快照是不夠的，我們需要拍攝整個旅行的真實時刻，包括令人難以消受的酷熱與音樂，還需要在家中的暗室從頭至尾重播整個過程，以重新發現高速公路與距離的魔力，和沙漠中的冰鎮酒精與速度的魔力；在家中的錄影帶裡重新臨場經驗整個過程，不只是為了回憶的樂趣，而是因為荒誕的重複之魅力已經呈顯於這趟旅行的抽象性質中。沙漠的開展無限地接近電影膠片的永恆性……

聖安東尼（San Antonio）

墨西哥裔美國人（Chicano）擔任嚮導，帶領遊客參觀阿拉摩古戰場（El Alamo）[1]，頌讚在此遭自己祖先屠殺而壯烈犧牲的美國國家英雄。雖則先民艱辛為守土而戰鬥，勞動分工最後還是凌駕了一切。今日，他們的子子孫孫，在同一處戰場上，讚美竊占了他們土地的美國人。歷史充滿了計謀。但是這些偷偷橫越邊界來到這裡工作的墨西哥人也一樣精明。

---

1. 一八三六年，原屬墨西哥的德克薩斯因求獨立而與墨國發生戰爭，一百八十名德克薩斯居民及美國公民堅守阿拉摩，遭墨西哥軍隊殲滅。

鹽湖城（Salt Lake City）

壯麗的摩門教對稱建築，完美無瑕、喪禮般的大理石材質（州議會大廈、訪客中心的管風琴）。但是也具有洛杉磯式的現代性——所有最低限度的、外太空的舒適所需的新奇器具。以耶穌像裝飾的圓屋頂（所有這裡的耶穌像都從托瓦爾森[2]的耶穌雕像仿製而成，看起來煞似柏格[3]）似屬第三類接觸：變成特殊效果的宗教。此外，這整座城市具有一種來自外太空物體般的透明感、超越塵世以及不屬於人間的潔淨。一種對稱、明亮、氣勢懾人的抽象性。在摩門教大會堂（Tabernacle）附近，處處可見玫瑰花和大理石，以及福音主義式的商品販售。這裡的每一處交叉路口，電子布穀鳥自鳴鐘兀自大聲歌唱。在如此炎熱天氣中、在此沙漠的心臟地帶，會堂沿此重水般的湖泊邊建造（此湖也因鹽的濃度而顯得超度現實〔hyperréelle〕），這般清教徒式的執迷委實令人驚訝。而且，越過這座湖泊，就是大鹽湖沙漠（Grand Désert），在那地方，他們有必要創造出原型汽車的速度來驅除絕對水平狀態的魔力……但是這座城市本身卻像一顆珠寶，空氣純淨，居高臨下時，其都市景致甚至比洛杉磯更令人屏息。這些摩門教徒身上流露著驚人的智慧、現代的真實性——這些富有的銀行家、音樂家、國際系譜學家、一夫多妻論者（紐約的帝國大廈使人聯想到類似此種升向X度權力的喪禮般的清教精神）。這種跨性別的突變體又帶著資本主義式的傲慢，造就了這座城市的魅力，與沙漠另一頭拉斯維加斯那個大娼妓的魔力相抗衡。

2. Albert Bertal Thorwaldsen，一七七〇？—一八四四，丹麥雕刻家。
3. Björn Borg，瑞典網球名將。

碑谷（**Monument Valley**）

死馬岬角（**Dead Horse Point**）

大峽谷（**Grand Canyon**）

地質上的——因此也是形而上的——不朽，與一般地形的具體高度相反。倒置地形，受風、水及冰所雕蝕，把你拖曳到時間的漩渦裡，進入緩慢的大變動的細微永恆中。認為需時數百萬年甚或數億年的時間，才可以慢慢地破壞地球表面，在這裡是個反常的觀念，因為它代表某一種見解，認為符號是源自於——在人類出現之前許久——密封在這些元素間的磨損和侵蝕的某種約定。在這個本質上純粹是地質的巨大符號堆中，人類不會具有任何意義。或許只有印地安人解釋過它們——解釋過其中的很小部分。但是，它們確實是符號。因為這塊沙漠只顯現出一片無文化（inculture）。這整片納瓦侯人的鄉野，這長條、通往大峽谷的臺地，這塊俯瞰碑谷的峭壁，這處綠河（Green River）的深淵，都栩栩神奇。這一切與自然無關（此片鄉野的祕密或許是在於它一度是處於水平面下的起伏地形，由此保有地上海床的超現實特質）。我們可以理解為何印地安人必須使盡諸多魔法，加上一種殘酷異常的宗教，來驅除沙漠中之地質與天體事變在理論上所具有的壯觀景象的魔力，俾能活得與如此背景相稱。設若先於人類而存的符號具有如此魔力，那麼人類又算什麼？人類必須發明等同於周遭自然界劇變秩序的犧牲儀式才可以。

或許就是這些地勢的起伏，由於它們不再屬於自然，最能讓我們了解到文化為何物。**碑谷**：大塊的語言突然地隆起，然後受到無情的侵蝕，數千年的沉積作用，因磨損而有了橫切面的深度（意義因文字的侵蝕而產生，表意〔signification〕因符號的侵蝕而產生），今天，就像所有的文化一樣，這種沉積作用注定要變成自然公園。

鹽湖城：世界的宗譜資料館，在沙漠岩洞深處，由那些生活豪華富裕、宗教態度嚴謹的征服者——摩門教徒——所掌管；而在附近的博納維爾沙地（Bonneville Flats），還有建造在大鹽湖沙漠（Grand Désert de Sel）無瑕表面上的汽車跑道，原型汽車在此達到登峰造極的速度。來自父名的起源代表時間的深度，而音速則代表純粹的表面性。

阿拉摩哥多（**Alamogordo**）[4]：第一顆原子彈試爆，場地在白沙地（White Sands）[5]，背景是淡藍的山脈與綿延數百英里的白沙——炸彈令人眩目的人造光芒對照白沙令人眩目的光線。

托利峽谷（**Torrey Canyon**）：沙克研究所（Salk Institute）[6]，去氧核醣核酸（ＤＮＡ）與所有諾貝爾生物學獎得獎者的神殿。所有未來的生物學戒律都在此處成形，在那棟仿邁諾斯（Minos）[7]宮殿建造的建築物中，它的白色大理石眺向巨大無垠的太平洋……

在這些非凡的地方，虛構的聖地變成真實。這些雄偉、具有治外法權的超越政治之地，將地球原封未損的地質壯觀景象與精心構造的、核子的、軌道的及資訊的科技湊合在一起。

我去是為了尋找星星的美國，不是社會與文化的美國，而是「高速公路」的空洞與絕對自由的美國——不是習俗和精神面貌的深度美國，而是沙漠速度、汽車旅館與礦脈地表的美國。我在電影劇情的速度中，在電視冷漠的反射

4. 新墨西哥州南部城市。
5. 位於新墨西哥州南部，一九三三年列為國家保護區，一九四五年七月首次原子彈試爆在此進行。
6. J．E．沙克，一九一四—一九九五，美國病毒學家，於一九五三年最先研製出小兒麻痺症疫苗，沙克研究所是他在一九七五年創立於加州。
7. 傳說中的克里特（Crete）國王，狄達勒斯（Daedalus）曾為其建造迷宮。

畫面上，在於空蕩的電影院中日夜放映的影片上，在馬路上絡繹不斷、冷漠、令人嘆為觀止的符號、影像、臉孔與儀式活動中尋找它，尋找最靠近核心與去核的宇宙的東西——一個實際上是屬於我們的宇宙，就在歐洲的村舍裡。

我在地質中尋覓社會未來與過去的大災難發生後的情貌，在可以見證到深度的翻轉（retournement de la profondeur）的地方找尋——也就是在那些有條紋的地貌上、在鹽礦與石頭的凸浮部分、在化石河川切割而下的大峽谷處、在侵蝕和地質所呈現的緩慢形成的太古深淵中找尋。我甚至在大都會垂直挑高的景貌中尋覓它。

還在巴黎時，我對這種核子形態，這種未來的大災難，就所知甚詳。但是為了親身了解，我還是必須上路，親履一趟維希里歐（Paul Virilio）[8]所謂「消失美學」的旅程。

因為心智沙漠的形式就在你眼前開展，而這是社會叛離的純粹形態。不滿在速度的匱乏中找到它的純粹形態。所有在叛離或社會的去核過程（énucléation sociale）冷卻與死去的東西，都可以在這裡——在沙漠的炎熱中——重新找到它們的沉思形式。在這裡，在沙漠的橫斷景貌與地質的反諷中，超越政治者找到其屬性與心智的空間。在這裡，我們邊遠的、非社會的、浮淺的世界之無人性，瞬間即找到它的美學形態、它的忘形神迷之形態。因為沙漠就是如此：一種對文化之忘形神迷的批判，一種消失之忘形神迷的形態。

沙漠的壯觀源自它們本身的存在，它們的乾燥源自它們乃是地球表面及我

—

8. 法國著名建築師，並曾撰寫多篇有關媒體和傳播科技的文章。

們的開化體液（humeurs civilisées）的負面。在沙漠這種地方，體液和流質變得稀薄；星垂大漠，空氣是如此純淨。甚至要等到沙漠印地安人滅絕之後，一個比人類學更早的時期才逐漸浮顯出來：一種礦物學、一種地質學、一種恆星狀態（sidéralité），一種非人性的偶存事實狀態、一種掃除文化的人為顧忌的乾燥、一種它處不存在的寂寥。

沙漠的寂靜也是視覺性的。一種凝視的產物——向外凝視，卻發現空無一物可以反射回來。山間不可能有寂靜，因為山巒起伏宛如咆哮。而且，為了保持寂靜，時間本身也必須變成一種水平狀態；不必有未來的回聲，只需有各個地質層間的彼此滑動，發出的聲音不過就是化石的喃喃自語。

沙漠：一種發光的網絡以及非人性智慧的化石，這種極度冷漠的化石——不只是天空的冷漠，還有地質波動的冷漠，在這波動中，唯有時空的形上激情（passions métaphysiques）凝結成晶。在這裡，白天時欲望的措辭不斷翻攪，而夜晚則會將它們抹滅。但是，等到拂曉到來，隨著化石的噪音甦醒，沉睡動物也都甦醒了過來。

速度創造了純粹的物體。速度本身就是一種純粹的物體，因為它抹消了地面與界域指標，因為它跑在時間之前，將時間宣告作廢，因為它比它自身的起因移動得更快，藉由追過起因而消滅它。速度是果對因的勝利，瞬間對作為深度之時間的勝利，表面與純粹的客體性（objectalité）對欲望之深奧的勝利。速度創造出一個傳授宗教奧義的空間，這個空間或許會致命，而它唯一的規則就是不留下任何痕跡。這場勝利來自對記憶、無文化、失憶酣醉的遺忘。一個純粹的物體在沙漠的純粹幾何中的浮淺性與可逆轉性。駕車遨遊，藉著空無創造出事物的一種不可見、透明或橫斷的狀態。這是一種慢性自殺，一種各樣形態逐漸衰微的死亡，各樣形態逐次消失的宜人情狀（forme délectable）。速度不是一種植物性的東西。它更接近於礦物、接近水晶的折射，而且它已是大災難、虛擲時間的所在。不過，或許它的魅力就只在於空無的魅力。這裡沒有誘惑，因為要誘惑需要有祕密。速度只是傳授我們空無之奧義的儀式；這是一種懷舊，希望諸種樣態在加劇移動後復歸不動。類似於對幾何學中種種生動形態的懷舊。

不過，在這個國家有一種強烈的對比。一邊是核子宇宙的逐漸抽象化，另一邊是初生的、發自肺腑的、壓制不住的活力。這種新陳代謝的活力既顯現於工作與貿易上，亦表現在性與身體方面。它不是出自根性，而是源於無根。基本上，美國，以其幅員之遼闊、其科技之精進、其粗率之善心，即使在用來模擬的空間，乃是**現存唯一的原始社會**——包括從那些它為擬像而開放的諸多空間的角度來看。其迷人之處在於：到此一遊，彷彿它是未來的原始社會，一個盤根錯節、混居、人種極度交雜的社會，一個具有殘暴儀式、卻因浮淺的多樣性而美麗的社會。這個社會具有整體的後設社會現象（fait métasocial），充滿了無法預知的結果，其內在令人神迷，但是缺乏可以用來反照這種內在的過去，因此歸根結底是原始的……它的原始性已經轉變成一個非我們所能控制的宇宙的誇張、非人性的特色。此一宇宙遠遠超越它自己的道德、社會或生態的固有情理之上。

只有清教徒才可能發明和發展「保存」的生態與生物的道德觀念；這種「保存」其實便是深度種族歧視。所有東西都變成受到過度保護的自然保留區，保護得如此過分，以致現今有人提議去除優勝美地（Yosemite）[9]的自然狀

9. 美國國家公園，位於加州東部內華達山區。

態，好讓它真正回歸到大自然，就如發生在菲律賓的塔莎達人（Tasaday）[10]身上的事一樣。一種清教徒對根源的執迷，就在一個非其故土之處。一種想要找到一個合適位置、一個接觸點的執念，就在一切事物都在一種星星的冷漠中開展出來之處。

只要這些人造天堂能夠成就整個（缺乏）文化的偉大，在它們的平淡無味中就會有一種奇蹟。在美國，空間甚至讓**市郊地區與樸實小鎮**的平淡無味都產生一種壯觀的感覺。沙漠無所不在，保存著「無意義」（insignifiance）。汽車、冰塊和威士忌的奇蹟每日在沙漠重演：混雜著沙漠宿命的安逸之奇蹟。一種只屬於美國的猥褻（obscénité）之奇蹟：一種完全可以隨意處置、空間中所有功能都透明化的奇蹟；不過，此空間因其遼闊，依然是莫測高深，只可藉由速度來驅魔。

義大利式的奇蹟：舞臺場景的奇蹟。

美國式的奇蹟：猥褻事物的奇蹟。

感官的淫蕩，其背景是無意義的沙漠。

神奇的是變化的形式。不是植物茂盛的森林，而是石化、礦物化的森林。這片鹽性沙漠，皓白勝雪，遼闊勝海。不朽性、幾何圖形與建築的效果，一切皆未經過設計或規畫。峽谷地（Canyonsland），裂片山（Split Mountain）。或

---

10. 菲律賓棉蘭老高地熱帶雨林中的一個原始種族，一九七一年，菲律賓政府安排讓他們回歸雨林，免受現代文明的干擾。

相反：泥丘（Mud Hills）無定形、無起伏的地勢；古海床淫逸的、化石的、單調波動起伏的月球地形。白沙地的白色沙丘……欲消滅大自然的繪畫般特質，需要有各類元素的超現實性；正如欲消滅旅行之自然繪畫性特色，需要有速度的形而上學。

事實上，無目的地的旅行——因此也是個無止盡的旅程——的構思只是逐步在心中醞釀成形的。我拒絕觀光、賞景——這對我猶如災難；我也拒絕名勝，甚至也拒絕風景（在這酷熱的稜鏡中，只剩下它們的抽象殘留物）。沒有什麼東西比觀光或假日旅遊更不算是純粹的旅遊。那就是為什麼沙漠的遼闊平凡或大都會同屬沙漠般的平凡最適合我的無目的之旅——它們從來沒有被當作玩樂或文化之地，而只在電視節目上被當作風景、被當作腳本。那就是為什麼我的旅程最適合在極端的酷熱中進行，宛若身體的去疆域化（déterritorialisation）的性高潮形式。分子在酷熱中加速，造成一種幾乎無法察覺的意義蒸發。

重要的不是親濡所遊之地的風土人情，而是發現當地竟然道德淪喪——兩者所屬的層次非常不同。這一點，加上純粹的距離和擺脫社會束縛，才是重點所在。這裡，在此最具道德感的社會中，空間實際上瀰漫著敗德。這裡，在此最循規蹈矩的社會中，各個領域、角落盡是充滿傷風敗俗。正是這種敗德，使得距離變得輕盈，使旅行變成無窮盡、消弭了肌肉的酸累。

駕駛是一種令人嘆為觀止的失憶狀態。一切在眼前等著被發掘，一切都隨即從記憶中飛逝。誠然，這裡有的是沙漠原生狀態的衝擊與加州令人眼花撩亂的景象；但是在這些東西消失後，此趟旅行的次要特色便開始浮現：過度的距離、難以抗拒的距離、無名臉孔的多不可數，與不可知距離的無窮無盡，或一些神奇的地質形構——尚未受到人類意志干擾的原封劇變地貌。這種旅行方式不容許有例外：當迎面而來的是認識的臉孔、熟悉的風景，或是隨便一種可解讀的訊息時，魔力就會失效：消逝（disparition）之失憶的、禁欲的、漸近線的魅力，將抵擋不住感情與塵俗記號學的影響。

這種類型的旅行有其獨特的事件與神經興奮過程（innervation），所以也有特殊的疲憊形式。就像肌肉的纖維性顫動（fibrillation），是由於過度的炎熱和速度，由於閱歷、走過和遺忘的地方太多，因而產生了條紋所致。而身體由於負荷著過多的空泛符號、功能性手勢、天空令人眩目的亮光及夢遊般的距離，消除這種顫動的過程需要很長的時間。隨著文化——我們的文化變得更稀薄時，事物突然間變得輕盈。而這種美國人發明的幽靈式文明，其短暫，近乎消散的形式，乍見之下似乎是最能適應於或然率，這種窺伺、守候著我們生命的唯一或然率。支配美國西部——無疑地也支配整個美國文化——的是一種地震的形態：碎形圖樣的（fractale）[11]、空隙的文化，誕生於與「舊世界」的斷層；

觸覺的、脆弱的、機動的、膚淺的文化——你必須遵守它的規則來掌握它的運作：地震般的滑動、軟科技（technologies douces）。

這趟旅行的唯一問題是：意義的消滅可以到什麼樣的程度，在這種無所指涉的沙漠形態中，我們能走多遠而不會崩潰？——當然，還要能同時維持著「消失」的祕傳魅力。這種旅行已不算是旅行，因此具有一種基本的規律：朝向不歸的目標；結果，這趟旅行的客觀情勢就具現了一種理論上的問題。這是關鍵所在。而決定性的片刻便在猛然意識到旅程沒有終點、旅程不再有非要到

---

11. 可在不斷減小的尺度上重複原本圖樣特徵的幾何實體。

達某一個目的地不可的理由。超越了某一界點，即變成移動自身在變化。原本依自己的意欲而在空間移位的運動，變成被空間本身所吸納——不再抗拒，不再有旅行特有的景象（正如噴射機引擎不再是一種穿透空間的能量，不是像傳統模式一般地藉空氣的阻力來支撐，而是藉著前端創造出的真空來吸附自己向前推進）。如此，就在環流運動產生吸附你的真空的地方達到了這個離心與偏心的瞬間。這個暈眩的瞬間也就是潛在的崩潰時刻，因為身體已精疲力竭。而這種疲累與其說是由於距離與酷熱、由於在有形的空間沙漠行進所致，倒不如說是拜在無法逆轉的時間沙漠行進之賜。

明天是你餘生之年的第一天。

紐約

沉默大眾與致命策略的航空傳道士，以輕柔之姿從一處機場飛到另一處機場，現在到了新罕布什爾繁花錦簇的森林，新英格蘭之鏡中一幅稍縱即逝的映像。昨天還身處於摩天大樓垂直挑高的溫順中，明天就要到名字念起來很悅耳的明尼阿波利斯（Minneapolis），游絲般的母音，半希臘語、半印地安夏延族語，喚起心中一幅放射狀的幾何圖形，在冰地的邊緣，在人煙世界的天際處……談論著大眾的沉默與歷史的終結，眺望遼闊湖光。颯颯寒風橫掃湖面，往夜幕正低垂的東方颺去。飛機掠過天空，沉默如風，在旅館窗玻璃之後，霓虹燈開始放亮閃爍，在城市上空。美國真是一個令人驚異的地方！到處是晚秋的小陽春，其和煦預示著來冬將有瑞雪。但是那萬湖之地、那座蟠踞洛磯山脈邊緣的理想中的古希臘之城到底在哪裡？明尼阿波利斯，明尼阿波利斯！威斯康辛州的小陽春有貴族的優雅與女性的柔媚，夏日過後，明尼阿波利斯只是一處鄉野聚落，在塔形穀倉與狩獵場地的黑魆魆中，守候著冬天與它引以為傲的寒冷的到來。然而在此真正的美國深處，有一家「海軍准將酒吧」，裡面有世界上最精緻的裝飾藝術。他們說，費茲傑羅（Francis S. Fitzgerald）每晚都到那裡買醉。我也在那裡買醉。明天我將直接飛往相反的另一端（之所以說「相反」，乃是依光線、面積、種族的混居、美學與支配者的角度而言），到那座以所有史上名都——雅典、亞歷山卓、珀塞波利斯（Persépolis）[12]——的繼承者

—

12. 古波斯首都。

自居的城市：紐約。

紐約

警笛蜂鳴，不舍晝夜。汽車開得更快，廣告更搶眼。這是個澈底墮落的城市，也是個整夜燈火通明的城市。而遊戲，所有的遊戲，更緊張、更激烈。當你接近世界的中心點時，總是會看到這般的景致。但是這裡的人臉上堆著笑容，甚至愈來愈愛微笑，雖然不是對著別人，而是對著自己。

繽紛雜錯的臉孔，令人驚愕，它們的獨特，全部緊繃成令人難以置信的表情。古文化裡象徵老邁或死亡的面具，在這裡被二十歲或十二歲的青少年戴著。但這反映了這座城市的整體風貌。其他城市耗時數世紀才取得的風華，紐約只花了五十年就打造出來。

輕煙縷縷，讓人想起女孩沐浴後揉乾髮絲的風情。爆炸頭或前拉斐爾派的髮型。平庸，多種族。法老的城市，到處是方碑尖塔。中央公園周遭的建築物像是一根又一根的拱柱，讓這巨大的公園看起來宛若一座空中花園。

輕飄在天空的不是雲彩，而是頭腦。雲彩飄遊過這座城市，就像受風馳騁的大腦半球。捲雲窩在人們的腦海裡，從他們的眼睛優游而出，就像劈啪的熱雨讓海綿狀的蒸氣從地面浮升。天空雲彩的性孤獨；地上芸芸眾生的語言孤獨。

這裡獨自思考、獨自歌唱，及在街道獨自吃食與說話的人數之多，令人無法想像。然而他們的分量並不能以加總來合計。正好相反。他們的力量彼此抵銷，而且彼此的類似性並不明確。

但是有某一種頗為獨特的孤獨。有人公然地在牆角、汽車的引擎蓋上，或沿著圍籬邊獨自準備餐食。這種景象隨處可見。這是世上最悲哀的景象。比窮困更悲哀，也比乞丐更悲哀的，就是這種當眾獨自吃食的光景。沒有什麼比這景象更與人類或野獸的律則相衝突，因為動物總是以彼此分享食物或爭食為榮。獨自吃食的是死人。（但是獨自飲酒的人卻不是。為何？）

為什麼有人要住在紐約？他們之間並沒有關係，除了一股單因雜處一地而產生的內在電流。一種毗連的奇妙感覺，一種對人為中心地位之吸引力的奇妙感覺。這是何以它變成一個自我吸引之宇宙的原因，因此沒有理由離它而去。實在找不出人為何居於此地的理由，除了得以雜處一地的忘形神迷。

紐約黑人女子與波多黎各女子之美。除了因如此多種族雜居一地而產生的性刺激，必須說，黑人的膚色、深色種族的色素，像是天然姿色受到人造脂粉的刺激而形成的一種美，與性無關，而是動物般且雄渾的美——一種蒼白的臉孔極端缺乏的美麗。蒼白代表外貌的衰竭，代表一種中性，或許正因此而擁有傳授聖言（le Verbe）的權力，但是終究還是缺乏人為技法（artifice）那種祕傳及儀式的力量。

紐約有這樣的雙重奇蹟：總有一棟偉大的建築物正支配著或曾支配過這座城市——總有一個族群正支配著或曾支配過這座城市，依它自己的方式來支配。在這裡，雜居讓其中的每一分子迸出了火花，而在他處，雜居只會抹消彼此的差異。例如在蒙特婁，所有的城市構成要素都同時展現其風貌——族群、建築物、北美洲遼闊的空間——但是美國城市的火花與暴力卻渺無蹤影。

雲彩糟蹋了我們歐洲的天空。相較於北美洲無垠的天空及其濃密雲彩，我們細細的、輕飄飄的天空，和細細的、輕飄飄的雲彩，正反映出我們細細的、輕飄飄的思想，它從來就不是空間的思維……在巴黎，天空並不固著，也不飄蕩，它就附著在傾頹建築物的裝飾中，而這些建築物都活在彼此的陰影下，好像一件件小小的私人財產——歐洲的天空不會是互相輝映的大樓那瞬息萬變的玻璃外牆，如在此地大都會紐約所見……歐洲從來不曾是一塊大陸，這點你從天空就可觀知。一旦你涉足美國，就會感覺一整塊大陸臨現眼前——那裡的遼闊空間正是其思考的模式。

和美國的**市中心區**及其摩天大樓街區相反，巴黎西郊的拉丁封斯區[13]高聳的樓群閉鎖在一幕義大利風格的景致裡，成為一處被環狀大道包圍的封閉劇場，而犧牲了垂直挑高與過度裝飾（démesure）所具有的建築優勢。這是一座非常具有法蘭西風味的花園：一大排的建築物繞以一條飾帶。紐約、芝加哥、休斯頓、西雅圖、多倫多等城市的空間因其競爭而充滿了戲劇性，然而拉丁封斯區的設計阻止了建築怪物於此無窮無盡滋生蔓延的可能性，也阻止了它們於此互疑防備的可能性。在競爭的空間裡，純粹的建築物體誕生了，一種建築師無法掌控的物體，澈底拒斥這座城市與它的用途，拒斥集體與個人的利益，堅持它自己的瘋狂，除了文藝復興時代城市的狂妄自大，沒有可以與之比擬的東西。

不，建築物不該被賦予人性。反建築（anti-architecture）——真正的那種，不是亞利桑那州的阿可桑堤（Arcosanti）那種在沙漠深處匯集了所有軟科技的產品，而是那種野蠻、不合人性、超出人類考量能力的類型——在這裡矗立了起來，在紐約，完全不考慮位置是否適當、舒服，或符合理想的生態環境。它

—13. la Défense，巴黎西郊的一個行政區，為許多跨國企業的辦公大樓所在地，有不少前衛建築物。

賣弄硬科技（technologies dures），誇大了所有的尺度，以天堂與地獄為賭注……生態建築（éco-architecture），就像生態社會，這是羅馬帝國衰敗時的溫柔地獄。

現代的拆除技術真的很奇妙。這是一個與火箭發射剛好相反的壯麗場面。這棟二十層的大樓在滑向地面時依然完美挺直。它筆直落下，就像一個模特兒假人掉落翻板活門一樣，無損其筆挺之姿，而它的身體表面則吸住了瓦礫。這真是一種不可思議的現代藝術形式，堪與我們童年施放煙火比擬。

人家說歐洲的街道生氣蓬勃，而美國的街道死氣沉沉。他們錯了。大概沒有比紐約的街道更緊張、亢奮、喧囂、充滿活力的地方了。紐約的街道擠滿了人潮、車聲與廣告宣傳，有橫衝直撞的，也有悠哉隨意的。數百萬人在街道上漫遊著，或逍遙自在，或粗暴橫行，好像無所事事一般；無疑地，除了替這座城市製造恆久的腳本，他們真的也沒有別的事可做。到處樂音弦歌可聞；交通繁忙，既猛烈又靜謐（這不是義大利式的那種騷盪、充滿戲劇性的交通狀況）。街道與林蔭大道從未冷清過，但是城市明亮寬闊的幾何造型，與歐洲狹窄街道擁塞的親密感迥然有別。

在歐洲，街道只有靠著動盪不安、靠著革命和內戰的歷史性時刻，才會甦醒過來。在其他的時候，人們只是行路匆匆，沒有人真正留連於街道上（不再有漫遊閒逛的人）。歐洲的汽車亦復如此：開車或坐車都談不上有生活感，因為沒有足夠的空間。城市也是，沒有足夠的空間——或是說，在城市中，空間被視為公共場所，具有公共場景的所有標誌，禁止你視它如同沙漠或無所謂之地，任意橫越或隨心漫逛。

或許，美國的街道還未領受到歷史性的時刻，但它總是動盪、生氣勃勃、充滿動感，而且像是電影場面，就像這個國家本身一樣，特殊的歷史和政治場景在此分量甚微，然而，變化的尖銳程度——不管是由科技、種族的差異，或媒體所催化——卻是十分驚人：其劇烈正如同這裡的生活方式一般。

在紐約，城市的迴旋運轉力量非常強大，它所產生的離心力也極為驚人，只有超人才敢想像在紐約過著成雙入對的生活，或分享他人的生活。唯有部落、幫派、黑手黨家族、祕密幫會與性倒錯的團體這些具有共犯關係者才能在此生存，夫妻則不可能。這就是反諾亞方舟。在最早的方舟上，動物成雙成對擠進其中，以拯救物種免遭大洪水滅絕。而在這裡，在這艘奇異的方舟上，每個人獨行而來——每個人在夜晚出動，尋找劫後餘生者以趕赴最後一次宴會。

在紐約，瘋子已經被釋放。而一旦他們被釋放到這座城市裡，我們就難以從出沒城中的龐克族、毒癮者、藥癮者、酒鬼或窮困潦倒者中辨認出他們。我們並不認為，有什麼必要得把瘋子留在陰影底下，有什麼必要得阻止這些瘋子標本於早就在多重形式底下發展起來的城市裡四處流竄。

「霹靂舞」（La gymnastique du rap）是一種特技表演，只有在結束時你才意識到它其實是一種舞蹈，此時舞者凍結成慵懶無力的冷漠姿勢（手肘著地，頭沒精打采地置於手掌之上，只有在伊特魯里亞人[14]的墓塚才會看到的姿勢）。這種倏然靜止的姿勢使人想起中國的京劇。但是中國的戰士是在劇情的高潮時

—

14. 西元前八世紀開始出現於義大利中西部的古民族。

以一種英雄的手勢凝止不動，而霹靂舞者則是在其動作的鬆弛點停了下來，其手勢帶著嘲諷。你可以說，在這般於地板上蜷縮和旋轉的動作中，他們似乎是在自己的身體內部挖掘了一個洞，由此洞將死亡的反諷、怠惰之姿呈現給觀眾。

我以前絕不會相信紐約的馬拉松大賽能夠博君熱淚。這真的是一幅世界末日的景象。我們就說這是一種自討苦吃的行為吧，好比說有人自甘為奴一樣。在狂暴大雨中，直升機在頭上盤旋，路旁觀眾喝采著；他們頭戴鋁箔風帽，貪婪地睇視隨身攜帶的碼錶，或光著上半身，眼睛翻白，他們全都在尋找死亡，精疲力竭的死亡，那種兩千多年前第一位馬拉松跑者精疲力竭的死亡宿命。而我們別忘了，他當時正帶著戰勝波斯人的消息往雅典奔回去。無疑地，參賽者也夢想帶來一則勝利的消息，但是人數太多了，他們的消息失去了意義：變成只是他們抵達的訊息，在他們的努力盡頭——一道徒勞的、拚命三郎式的微弱訊息。集體來看，寧可說他們是攜帶著人類大災難的訊息：從最先抵達的競賽型運動員，到被朋友扶著至終點線的可憐鬼，或是坐著輪椅參加這次賽跑的殘障者，你可以在終點線依照參賽者抵達的時間，看出人類愈來愈衰弱的徵象。有一萬七千名參跑者，而你禁不住要回想到馬拉松戰役[15]，戰場上的士兵甚至還不到一萬七千人。一萬七千個人，而每個人都獨自跑著，甚至絲毫沒有想到勝利，只是為了要有活著的感覺。「我們贏了。」從馬拉松戰場回來的希臘人在氣絕前喘息地說。「**我做到了！**」（I di dit !）疲累不堪的紐約馬拉松參賽者在癱倒於中央公園草地上時嘆道。

—

15. 西元前四九〇年，雅典人在阿提卡東海岸與波斯人的一次決戰，結果雅典人獲勝。

我做到了！

一種新式廣告活動的用語、自閉症表演的用語，一種純粹和空洞的形式，一種已經取代了對競爭、努力和成功的普羅米修斯式忘形神迷的自我挑戰。

紐約馬拉松賽已經變成此類拜物教表演的一種國際性象徵，對空洞的勝利之狂迷和對無成果的壯舉所帶來之喜悅的一種國際性象徵。

我參加了紐約馬拉松賽跑：「我做到了！」我征服了安納普納峰[16]：「我做到了！」

登陸月球也是一樣：「我們做到了！」此事件終究並非真的那麼驚人；它是一個科學及進步過程中預先設定的事件。他們做到了。但是這項成就並沒有使征服太空的千禧年夢想復甦。從某個角度而言，它反而消耗了這個夢想的動力。

在執行任何預定計畫時都會產生徒勞感，就像所有只是為了對自己證明自己有能力去做的事一樣：生孩子、爬山、性事、自殺。

馬拉松是一種坦率表露的自殺方式，把自殺當成宣傳廣告：參加是為了顯示能夠達到自己的極限，是為了證明……證明什麼？證明你有能力抵達終點。塗鴉也透露出同樣的訊息：我是某某人，而且我存在！塗鴉是為了替存在做免費廣告。

我們必須不斷證明自己的存在嗎？一種奇異的虛弱徵候，一種新狂熱的跡象——對無臉孔表演及無盡自明之事的新表徵。

——

16. 喜馬拉雅山脈中部山峰，位於尼泊爾境內。

神祕主義者運輸公司

就在剛剛下過雪的晨曦中，一輛載著閃爍鉻鋼的藍綠色貨車駛下第七大道。貨車兩旁以鍍金字母寫著這幾個字：**神祕主義者運輸**（Mystic Transportation）。

這可以代表紐約整體及它對衰敗頹廢所持的神祕觀：所有特殊效果都可以在這裡找到，從雄偉的垂直景觀到地上的腐爛物，各個種族與各個帝國雜處的所有特殊效果。這是此座城市的第四維空間。

未來，城市會往水平方向擴展，而且會變得不像都市（比如洛杉磯）。在那之後，城市將會把自己深藏隱匿起來，而且甚至不再有名字。所有東西都將變成下層構造（infrastructure），籠罩於人造光源與能量中。而輝煌燦爛的上層構造（superstructure）——瘋狂拔向天際的垂直景觀——屆時將會消失。在為往水平擴展而進行的拆除與隨後而至的地下內爆（implosion souterraine）到來之前，紐約是這種巴洛克式的垂直景觀、這種離心的怪誕的最後放縱之地。

藉著所有住民不可思議的共謀，紐約把自己的大災難當成一齣舞臺劇來演出。這不是頹廢的結果，而是它自己的權力所致，因為沒有什麼東西可以威脅其權力。因為這種權力什麼也威脅不到。它的密度、它的表面電流排除任何戰爭的聯想。生活每日清晨周而復始，這是一種奇蹟——想一想前一天消耗了多少能量。它的電壓，就像一座防護罩，保護它免受外來的毀滅威脅——雖然無法免於內部的意外。就像一九七六年的大停電，但這類事件的規模之大只會造成舉世矚目，更進一步添加了這座城市的榮耀。這種中心性（centralité）與特異行徑（excentricité）只能創造出這座城市自身的終結妄想，紐約這座「大舞臺」從美學的層次上將此妄念移化到它的荒唐行徑與它的暴力表現主義中。而這整座城市更是集體地將此妄念根著於心：迷戀垂直挑高景觀的技術、加速催化平庸事物、聚焦臉部表情——無論幸福或愁苦，以及表現在讓人陷入純粹循環的犧牲之傲慢中。

沒有人注意到你，他們全都戰戰兢兢地扮演自己的無個性角色。紐約沒有警察——在他處，警察的存在是為了賦予那些仍然是半鄉村的城市（巴黎是一個好例子）一些都市、現代的味道。在這裡，都市化已臻頂峰，不再需要刻意表現出都市的風采，也不需要賦予它政治特徵。此外，紐約已不再是一座政治都城，各類意識型態團體已很少在此發起示威活動，即使有也不值一提（各個民族團體則是藉著節慶及種族示威來表達自己的聲音）。紐約的暴力不是社會關係的暴力，而是一**切關係**的暴力，而且具有指數的性質。性本身作為一種表達形式在某種程度上已屬過時——即使性仍然到處炫示，它已不再有時間將自身具體化呈現在人性與愛情的關係中。它消逝在不斷發生的雜交中、在各色各樣更短暫的邂逅中。在紐約，你重新發覺一種榮耀感，覺得自己籠罩在整座城市的能量光環中——這種感覺不是源自像歐洲所見的那種目睹滄海桑田的悲涼光景，而是來自一種變動的美學形式。

我們歐洲人擁有思考、分析及反省事物的藝術。沒有人會懷疑我們處理歷史的精微與概念性的想像力，甚至大西洋彼岸的才智之士亦嫉羨我們這方面的優異。但是現在，只有在太平洋沿岸地帶或是曼哈頓地區，才能找得到充滿光輝的真相及非凡的現實樣貌。必須說，紐約與洛杉磯才是世界的中心——縱使那裡有些事物使我們既興奮又幻滅。以他們社會的愚蠢及變幻莫測的特性，過度的天真爛漫及社會、種族、道德、形態學（morphologie）及建築的奇異來說，我們在這些方面可說是落後得讓人絕望。沒有人有能力分析這種現象，尤其是閉鎖在校園象牙塔裡的美國知識分子，他們很悲劇性地與正在周遭發酵的具體神話格格不入。

這是一個因財富、權力、衰老、冷漠、清教主義與心理衛生、貧困與浪費、科技的虛榮與漫無目的之暴力而澈底腐敗的國度，但是我不禁覺得它有點世界拂曉的味道，或許這是因為全世界的人仍繼續嚮往著紐約，甚至在紐約支配並且剝削他們的時候。

在一萬公尺的高空，以一千公里的時速，底下有格陵蘭的大片浮冰，耳機中是《風流印度人》（*Les Indes Galantes*）[17]，銀幕上是凱瑟琳．丹妮芙（Catherine Deneuve），還有一名老人——可能是猶太人或是亞美尼亞人——在我的膝蓋上睡著。「是的，我強烈地感覺到愛情……」雄渾的聲音唱道，從一個時區到下一個時區。飛機上的旅客睡著了，速度對愛之強烈渾然不覺。於一夕與下一夕間，於我們出發與我們降落的夜晚之間，將只有四個小時的白晝。但是這雄渾的聲音、這失眠的聲音奔馳得還更迅速，它越過冰凍、跨洋的大氣層，沿著女演員的長睫毛，沿著太陽上升處的紫紅天際，在宛如溫暖棺材的噴射機裡奔逸，然後，終於消逝於冰島外海某處。

這趟旅行至此結束。

—

17. 法國作曲家拉摩（Jean-Philippe Rameau，一六八三—一七六四）的芭蕾舞劇作品。

的

星星
美國

////////////////////////// L'Amérique sidérale

星星的美國（L'Amérique sidérale）。純粹循環的抒情特質。與歐洲式分析的憂鬱相抗衡。從向量與體貌特徵、從垂直物與空間物而來的即刻驚眩（sidération）。與文化凝視的焦躁距離相反。

因隱喻（métaphore）的崩解而歡愉，而在歐洲，我們只會哀悼。猥褻的喜悅，一目了然的猥褻，權力的一目了然，擬像的力量。與令我們失望的貞潔、我們因矯揉造作所造成的鴻溝相反。

驚眩。水平的驚眩，因為駕駛汽車；高空的驚眩，因為搭飛機；電子的驚眩，因為看電視；地質的驚眩，因為沙漠；立體石器的驚眩，因為超級大都會；超越政治的驚眩，因為權力遊戲——美國已經變成全世界的權力博物館。

對我而言，沒有所謂的美國的真相。我只要美國人扮演美國人的角色。我不要他們變得聰明、通曉事理、富有創意。我只要他們住在一個和我自己的空間無法相比的空間裡，成為我心中最高的星點、最精緻的軌道空間。我幹麼在自己所居住的法國將自己去中心化？從民族與場所兩方面來說，那裡只是中心地位（centralité）的碎片與陳跡罷了。我要讓自己偏離中心、遠離中心，但是我要在處於世界中心的位置來進行這件事。依此角度，比起任何古老歐洲的文化風貌來，美國最新的**速食店**、最平凡的**市郊**、最枯燥乏味的大車子，或無甚可取的、漫畫人物般的鼓號樂隊女指揮都更處在世界的中心。這是唯一讓你有機會如此放肆展露你的天真爛漫的國家：你只巴望這裡的一切事物、臉孔、天空與沙漠都是**見山是山**，恰如其分。

美國總是給我一種真正的禁欲主義的感覺。文化、政治——還有性也是——都只能從沙漠的角度來觀照。沙漠在此位居原初景象（scène primitive）的地位。從沙漠的角度看出去，所有事物皆消失不見。甚至身體亦因營養不良而顯出一副透明的樣子，輕飄飄接近完全消失。我周邊的一切事物皆遭受相同的沙漠化。但是這種基進的實驗是唯一能夠使我穿越過去，也是唯一能產生那種我在別處無從發現的星星特質（sidéralité）的方法。

美國既非夢，亦非現實，而是一種超度現實。它之所以是一個超度現實，乃是因為它是一個彷彿從一開始即已造就的烏托邦。在此，所有一切皆屬現實與實用，但同時也都令你困惑不解。或許美國的真相只能被某個歐洲人洞悉，因為只有他會在這裡發現完美的擬仿物（simulacre），所有內在性及價值的具體譯碼的擬仿物。美國人自己對擬像並無概念。他們本身即是擬像的完美具形（configuration），但是他們沒有可以描述它的語言，因為他們本身即是模型。結果，他們乃是分析現代世界所有可能變貌的理想材料。此外，美國同當初的原始社會幾乎是一個模樣。那些使我們關注古老社會的神祕與研究的興致，現在也正將我們的注意力以相同的熱情及相同的偏見驅往美國的方向。

事實上，如我所預期的，從這裡我們並沒有與歐洲疏離，你不會對歐洲產生新的觀點。當你回首，歐洲只當已消失不見。重要的是，真的沒有必要在這裡對歐洲採取一種批判性的姿態。你在歐洲就可以輕易地這麼做，況且，還有什麼事情沒有被批判過上千次？你所必須做的就是進入美國的虛構世界中，進入作為虛構世界的美國之中。美國就是在這種虛構的基礎上支配著全世界。即令美國的任一處細節並無甚意義，美國仍是某種超越我們所有人的存在……

美國的任一構成元素都可以讓我們領略到其整體的樣貌。從這個角度來看，美國其實就是一幅巨大的立體全像圖[18]。只要看看沙漠裡的小觀測站、任何中西部小鎮的街道、停車場、加州風格的住宅、一家漢堡王或是一輛斯圖貝克汽車，都可以看到美國的整體寫照——無論東西南北。說美國像一幅立體全像圖的另一個理由是它也具有雷射光的相干性，及被相同光束掃描的各個構成元素的同質性。從視覺及造型的觀點來看，也同樣如此：這裡的東西似乎是由一種更不真實的物質所製成——它們似乎是在一處真空裡旋轉和移動，宛如藉著一種特殊的燈光效果、一種穿越時渾然不覺的精細薄膜裡旋轉與移動。沙漠當然如此，而拉斯維加斯及廣告亦復如此，甚至民眾的活動、**公共關係**與日常生活的電子技術，全都顯現出光束信號的可塑性及單純性。這種全像圖類似幻影，是一個三度空間的夢境，而且你可以像入夢般進入。一切都依賴這種傳遞事物的光束。一旦它被打斷，所有的效果都會消散，而現實也會消散。不過，你的確會得到這樣的印象：美國是由各個類似的構成元素間幻影般的更迭變異所組成，而所有事物都是靠光線來結合——在我們眼前將美國的現實掃描出來的雷射光。在美國，「le spectral」這個字不是指鬼魂（le fantomal）或鬼舞（danse des spectres），而是光線進入其中會分散的光譜。

在聖塔芭芭拉（Santa Barbara）充滿芬芳氣息的山坡上，這些大別墅全都

18. 一種能產生真正三維圖像的無透鏡雷射攝影照片。

像**殯儀館**一般。在梔子花與尤加利樹之間，在花木種植的繽紛與人種的單調之間，我們看到了一幕烏托邦夢想成真的悲劇。就在這財富和解放的核心地帶，你總是聽到相同的問題：「**狂歡結束後你要做什麼**？」當所有東西——性、花朵、生死俗套——都是唾手可得，你還要幹什麼？這是美國的問題；而且，透過美國，這已經成為世界性的問題。

所有的住宅都像墳墓般陰森，但是，在這裡，在這種裝出來的寧靜中什麼也不缺。觀葉植物厚顏無恥地到處蔓延，像死亡般縈繞不休；玻璃窗戶看起來像白雪公主的玻璃棺材；黯淡低矮的花朵綻放著，就像多發性硬化症；科技產品在房子上下裡外滋生，就像加護病房裡的點滴注射器；電視、立體音響與錄影機，提供了和靈界的通訊；汽車，一輛輛的汽車，連接到購物者的葬禮接待室——超級市場；還有，最後，妻子兒女，作為成功的絢麗徵象……這裡的一切證明死亡已找到它理想的住家。

微波爐、廢物處理、地毯那性高潮般的彈性：這種柔軟、療養聖地般的文明形式令人無法不想起世界終結的景象。這裡的所有活動都有一種世界末日的祕密色彩：這些對拉丁文化或馬克思主義有偏執狂熱的加州學者；執著於貞節或犯罪問題的各門教派；這些在霧中夢遊、像是從柏拉圖的洞穴中逃離出來的影子的慢跑者；這些從精神病院釋放出來的真正的心智殘障者或蒙古症病人（對我來說，這種釋放瘋子進城的動作，似乎便是世界終結的一個明確訊息，鬆開天啟的封緘）；這些逃離自己身體的荷爾蒙實驗室的超級胖子；以及這些在夜間警戒著、很像豪華賭場或天外太空船的鑽油平臺——**石油聖殿**（oil sanctuaries）……

令人迷醉的超度現實主義

忘卻神迷的禁欲苦行
多重處理的鏡頭推移
互動式的多維空間
令人飄飄欲仙的

西方數位
健身公司
哩數無限
零頻道

聖塔芭芭拉的昏黃酒吧。打撞球的人的紅色吊帶。傅柯、沙特及威爾斯（Orson Welles）全都站在櫃檯前，彼此交談，具有驚人的類似性及奇異的說服力，幾可與原作魚目混珠。**雞尾酒布景**。暴力的味道，啤酒的怪味。**禁止賣淫**。

性、海灘與山巒。性與海灘，海灘與山巒。山巒與性。一些概念。性與概念。**如是一生**。

所有事物都藉由擬像而再現。風景藉著攝影，女人藉著性事情節，思想藉著書寫，恐怖主義藉著流行及媒體，大事件則藉著電視。事物似乎只能藉由這種奇怪的用途而存在。你很懷疑這個世界本身會不會只是另外一個世界的宣傳廣告。

當唯一的美是由美容整形外科所創造、唯一的都市美是由綠化整形外科所創造、唯一的意見是由民意調查整形外科所創造……而今，隨著遺傳工程的操縱，替所有人類整形的外科手術即將出現。

這個文化發明了專責機構，好讓人體能夠互相接近，同樣也發明了讓水**不會接觸**到鍋底的平底鍋，其製造材質非常均質，是非常乾燥的人造材料，滴水不沾，正如同那些糾纏在**感情**與治療性的愛情之間的身體，彼此並不接觸。這被稱作介面（interface）或互動（interaction）。它已經取代了面對面的接觸與行動。它也被稱作傳達溝通，因為**這些東西確實是在傳達溝通**：奇蹟在於這平底鍋底部將熱**傳送**給水，卻沒有接觸到水，隔著距離的沸騰過程，就如同一具身體將其流質、愛欲潛能**傳送**到另外一具身體，而無需讓後者受到誘惑或甚至煩擾，其所憑藉的是一種分子的毛細管作用。分離的符碼設計得非常好，甚至可以把水與平底鍋分開來，而讓平底鍋將熱當作**一份訊息**來傳遞，或是讓一具身體將它的欲望當作一份訊息傳送到另外一具身體，當作一份待解碼的流質。這被稱為資訊，而且它已慢慢潛滲到所有事物裡，就像是恐懼症與狂躁症重複出現的主題（leitmotiv），影響了廚房器具，也影響了性關係。

其他追求無菌狀態的狂熱例子：蓋提博物館（The J. Paul Getty Museum）[19]，裡面收藏的名畫看起來光鮮如新，除去了所有的垢漆和裂紋，以一種人工的光澤與周遭的「**假龐貝**」裝飾互相呼應。

在費城，有一個叫做ＭＯＶＥ的激烈宗派，設立了一套古怪的規矩，包括拒絕接受驗屍和清除垃圾。警方掃蕩這個宗派，放火燒死了十一個人，焚毀三十棟鄰接的房舍，包括了所有（真是反諷！）要求把這個宗派解散的鄰人的房子。

---

19. 美國石油大亨尚・保羅・蓋提（Jean Paul Getty，一八九二—一九七六）於一九五四年在加州馬里布（Malibu）所建立的私人博物館。

這也是一次大掃除。他們清除了垃圾與破銅爛鐵，讓事物返璞歸真——重整恢復。**讓美國保持乾淨**。

所有的路人皆對你微笑，人間溫情所激發的腮頰間的友善抽搐。這是溝通的永恆微笑，那種讓稚童初次感受到其他人在場的微笑，或是他惶恐地想要知道別人是否在場的微笑。這種微笑猶如人呱呱落地後的初啼。不管什麼情況，在這裡他們就是對著你微笑，而這並非出於禮貌，亦非欲施展魅力。這種微笑只表示出微笑的需要。它有點像是咧嘴傻笑：在所有情感已消失過後許久，仍然漂浮在臉上。一種隨時端得出來的微笑，但是戰戰競競，避免讓笑意有特別的含示，避免流露真情。其背後並無他圖，然而它讓你保持距離，不得接近。它具有讓情感低溫保存的特質。的確，這也是死人在**殯儀館**中會掛在臉上的微笑，因他抱持著隔世仍可繼續連繫的希望。免疫的微笑，廣告宣傳的微笑：「這個國家很好。我很好。我們是眾生之選。」這也是雷根的微笑——整個美國自滿的頂峰——這種微笑正一路成為政府的唯一原則。一種自我預言的微笑，就像所有廣告中的符號。微笑，然後別人就會還以微笑。微笑顯示你的透明與坦率。假如你無話可說，那麼就微笑。千萬不要隱瞞你無話可說，也不要隱瞞你對他人全然冷漠。讓這種空虛、這種深沉的冷淡在你的微笑中自然閃露。把你的空虛與冷淡分予他人，用喜樂與愉悅的零度照亮你的臉，微笑，微笑……美國人很可能找不到認同，但是他們的確有極好的牙齒。

而這個動作有效。藉著這個微笑，雷根獲得了共識，這比甘迺迪純粹以理性或政治智慧所能達到的共識要好得多。這種訴諸單純的致意——不管是動物般的或嬰兒般的——要成功得多，而所有美國民眾就在這種牙膏效應下凝聚。沒有任何理念——甚至這個國家整體的道德價值觀——能夠產生如此的效果。雷根的信用正好等同於他的透明度與他的微笑的無意義。

滑板者帶著隨身聽，知識分子以文字處理器寫作，在紐約市布隆克斯區Roxy夜總會或其他場所瘋狂地旋轉的霹靂舞者、慢跑者與健身者：到處，不論是關於身體或智力，你發現同樣空白的孤獨，同樣的自戀式折射。

這種對身體的幻覺無所不在，真是很特別。這是唯一讓所有人都關注的對象，並不是將它當成樂趣的來源，而是當作一種狂熱關注的目標，對於失敗或未達標準具有強迫性的恐懼，這是死亡的徵兆與預感：那種一切隨之灰飛煙滅的死亡，那種大家一向知道必須預防的死亡。身體因它的無用這點違反常情的事實、因完全確知它「無法復活」而被珍惜著。然而，愉悅是身體的復活所造成的效果，藉此超越了荷爾蒙、血管與強迫性節食的均衡——我們一直努力把它囚禁在這種均衡裡，藉著健康與衛生來驅邪。因此必須讓身體忘記把愉悅當作寵佑，忘記可能的形貌變化，而專注於烏托邦般的青春之保存，雖則青春無論如何都已逝去。因為會懷疑自身存在的身體已經是半死狀態，而時下半瑜珈、半恍惚忘形的身體崇拜則是一種病態的執迷。身體還活著時所受到的照料，即預示它未來在**殯儀館**的化妝模樣，在那裡，它的臉上會被裝扮出一個**串接**死亡的微笑。

這個「串接」是所有事物的關鍵。重點不在**是**，甚至也不在**有**一具身體，而是在**串接**你的身體。串接你的性，串接你自己的欲望。串接你自己的身體機能，好像是串接能量差動裝置（différentiels d'énergie）或電視螢幕一般。「串接」的享樂主義：身體是一齣劇本，而這種古怪的保健旋律響遍了從威尼斯到托潘加峽谷的無數健康中心、健身房，以及種種充滿刺激與擬像的健身場所，顯現出一種集體的非性欲執迷（obsession collective asexuée）。

這種執迷還與另一種執迷互相呼應：「串接」到你自己大腦的執迷。人類在**文字處理器**螢幕上思考的東西正是自己頭腦的運作。現今，我們想要了解的不是肝臟或大小腸，甚至也不是心臟或面容，而是——簡單一句——大腦。我們想要剖開它，來察看它的數十億個連繫點，並像一臺**電視遊樂器**一樣參與操作。所有這些對大腦、電子趨之若鶩的行為都非常虛假矯作——這絕不是卓越的人類知識的徵象，而只是一種簡化理論的標記，因為人類在此被化約成其脊髓的終端贅生物。不過，請放心：這一切遠比一般所認為的更不科學、更不實用。我們所著迷的其實是大腦及其運作的**光景**。這裡我們巴望的是看見自己的思考在眼前展開運作——而這本身就是一種迷信。

因此，學院人士專心精研自己的電腦，不斷修正、重整，讓它更加精密，把這工作變成一種無止盡的精神分析，記住每樣事物，藉著和這部機器形成一個無終止的**迴路**（feed-back），以逃避最終結局，延遲死亡到臨的日子，以及書寫（écriture）的致命到臨時刻。這是一種公開傳授的魔術的神妙道具——事實上，這一切互動最終將導致與一部機器的無終止的中間判決。只要看看學校裡坐在電腦前的小孩：你認為他已經被塑造成習於互動、敞開心胸迎接世界？他們只是創造出一套兒童—機器的積體電路。至於知識分子，他最後終於找到正如同青少年從立體音響及隨身聽獲得的東西：思想大幅度降低其崇高性，他的概念變成螢幕上的影像。

在Roxy，隔音的酒吧間櫃檯控制著舞池，那方式就像螢幕主宰著航空交通管制室或技師的眺望塔指揮著電視攝影棚。這家俱樂部以聚光燈、閃爍亮光的效果，讓舞者沉浸於橫掃的光束中，造就出一種熒光的氛圍——如同螢幕一般的效果。**而大家都明白這一回事**。今天，所有身體的舞臺表演、所有的演出都必須有控制螢幕——並不是為了讓演出者能利用鏡子的距離和魔術，同步觀看自己的演出。不，螢幕在此乃是充當一種即時、無深度的折射功能。錄像

（vidéo），到處都是，只為了達到這個目的：它是一片忘形神迷的折射的螢幕，依此，它與傳統的影像、場景，或傳統的戲劇性都無關，它的目的不是演出或自我欣賞，而是**與它自己串接**。若沒有這個循環流通的串接管道，若沒有這個大腦、物體、事件，或論述藉著與自身串接而創造出來的短暫、即時的網路，若沒有這持續不斷的錄像，現今一切事物都將無意義。錄像階段（le stade vidéo）現已取代了鏡像階段（le stade du miroir）。

這不是自戀（narcissisme）；濫用這個名詞來描述這種效應是不對的。隨錄像或立體音響文化發展出來的東西並不是一種自戀的想像物，而是一種狂亂的自我指涉（autoréférence）效應、一種即刻讓相像事物串接在一起的短路，如此也強調了它們的表面強度與深層的無意義。

這是我們這時代的特殊效果。拍立得的忘形神迷也是一樣：幾乎同時地掌握物體與它的影像，好像古代的物理學或形上學對光的概念已經變成真實——

當時的人認為所有物體都會分泌出其分身或底片，讓我們得以用眼睛看到。這是一場美夢。這是用光學方法來表現魔術戲法的過程。拍立得照片是一種從實物游離出來的忘形神迷的薄膜。

你可以攔阻一匹正在奔馳的馬，但你攔阻不了一個正在慢跑的人。他口中吐沫，而內心則專注在倒數計時，計算何時可以達到飄飄欲仙（état second）的境界，千萬別攔下他問時間，否則他會恨不得吃掉你。他的牙齒間可沒有嚼子，雖然他或許手上扛著啞鈴或腰帶上繫著鉛球（記得否？有段時間女孩子愛在腳踝上套著鐲子）。第三世紀的柱頭隱士（stylite）[20]在清貧與驕傲的靜修中

—

20. 中世紀時待在高柱上冥思苦修的人。

所尋找的東西，他則藉由身體肌肉的精疲力竭來尋找。他是那些認真地在健身房用配有鍍鉻滑輪的複雜機器及可怕的醫療器具把自己搞得極端疲累的人的苦修兄弟。從中世紀的酷刑用具，歷經生產線勞動工業運動，到藉著機械器具來訓練身體的技術，其實有一脈相承的關係。就像節食、**健身**及其他種種，慢跑是一種自願奴役的新方式（這也是一種通姦的新方式）。

顯然，慢跑者是真正的末日聖徒，也是啟示錄溫和版的主角。沒有什麼東西比這景象更能喚起世界末日的感覺：一名男子在海灘上奔跑向前，沉迷在隨身聽的樂音裡，藺伏在他的精力的寂寞犧牲裡，甚至天塌下來也無所謂，因為他只等待自己的毀滅，只想耗盡在他眼中一無用處的體力。絕望時的原始人，會游泳出海直到體力耗盡，以此自殺。慢跑者以在海灘來回跑步的方式自殺。他的眼神狂野，嘴巴淌著口水，不要攔阻他，他會打你，要不然就在你眼前跳舞，像一名遭魔鬼附身的人。

唯一可比擬的悲哀場面是一個人在城市鬧區獨自站著吃食的情景。在紐約，這種景況頗為常見；性喜歡宴氣氛的流浪漢，甚至不再躲躲藏藏而當眾吃著殘餚剩菜。不過，這仍然是只屬於都市的、工業的悲慘。可是數以千計孤單的人，每個人都為自己而跑，不顧他人，腦海中的立體音響流淌進他們的眼睛。這是《銀翼殺手》（*Blade Runner*）的世界、**大災難後的世界**。無視於加州的天然日光，甚至也無視於山林大火——這場大火隨著熱風橫襲十哩到海邊，連海上的探油平臺也籠罩在它的煙霧中——對這些完全視而不見，而且受著某種淋巴的鞭笞，執拗地跑下去，直到體力犧牲耗盡，那真正是死後世界的徵象。這就像是極度肥胖又繼續增胖的人，像在同一個槽溝無止盡地旋轉的唱片，像腫瘤增生的細胞，像所有遺失了讓自身得以停止的程式的東西。這裡的整個社會，包括其積極、有生產力的分子，每個人都在往前奔跑，因為他們已經遺失了停止的程式。

所有這些厚運動裝、慢跑裝、寬鬆的短運動褲與棉布襯衫、休閒服：這些都是穿舊的睡衣，而所有這些輕鬆的散步者與跑步者事實上都還沒有把夜晚的世界拋開——因為穿著這些搖浪的衣服，他們的身體在衣服中飄浮，而他們也在自己的體內飄浮。

厭食症文化是：厭惡的文化、驅逐的文化、「全民共厭」（anthropoémie）的文化、拒絕的文化。肥胖症、飽和、過度豐盛的時代特徵。

厭食症患者以一種算是詩意的方式來預示這種文化——不讓它近身。他不承認匱乏。他說：我什麼都不缺，因此我不必吃東西。對於超重者，情形剛好相反：他不承認飽和、胃飽脹。他說：我什麼都缺，因此我什麼都要吃。厭食症者以空腹來防止匱乏，過重者以過飽來防止飽滿。兩者都是順勢療法

（homéopathie）的最後解決之道——藉由毀滅來解決。

慢跑者另有解決之道。就某種意義而言，慢跑者是在把自己嘔吐出來；跑步時他不只是在耗費他的能量，而且在吐出能量。他必須達到精疲力竭的忘形神迷、機械（式的）滅絕的飄飄欲仙，正如厭食症者的目標是有機絕滅的飄飄欲仙、空虛身體的忘形神迷；極度肥胖的人則尋找體積絕滅的飄飄欲仙、飽滿身體的忘形神迷。

美國輿論界最近糾纏不休的話題：兒童**性虐待**。現在有一則法律規定：照顧幼童時必須有兩人同時在場，避免性虐待發生卻無法取得目擊者證詞。同時，超級市場購物袋上面印有走失孩童的人像。

保護一切，偵測一切，控制一切——患有強迫心理的社會。

節省時間。**節省能源**。**節省金錢**。**拯救我們的靈魂**——患有恐懼症的社會。

低焦油。低能量。低卡路里。低性事。低速——患有厭食症的社會。

很奇怪的是，在這個樣樣東西不虞匱乏的豐足社會裡，所有東西都必須節省、合乎經濟。一個年輕社會的心理強迫症，為的是保護它的未來？給人的印象寧可說是一種潛在的威脅感，因為沒有根據，所以更為隱伏。這種豐足創造出一種匱乏和貧困死灰復燃的幻覺，必須藉順勢療法的紀律來避免。這些節食、集體節食、生態控制、禁止身體享樂的行動並沒有其他的理由。動員整個社會以防止被豐足餵得過飽而窒息的諸神靈之復仇。當然，今天我們的根本問題是如何避免過度肥胖。

清點所有庫存物品，儲備所有物品，存記所有資料。

因此大象被包裹在液態瀝青裡，其骨頭在瀝青的黑色、礦物的黏性中變成化石。獅子、長毛象與野狼等曾經漫遊在洛杉磯平原的動物也一樣，都是油田最早的、史前的受害者。現今牠們全部都在漢考克公園（Hancock Park）裡一座專門梳理史前資料的博物館，接受二度防腐處置。而且，為了符合現行的道德規範，所有這些東西都是以信念來呈現——美國人是有信念的人民，堅信一切並努力說服他人也相信。他們真誠的一面就顯現在這種執拗於重構一個不屬他們所有、而且大部分已遭他們毀滅或掠奪的過去及歷史之中。文藝復興時代的城堡、變成化石的大象、保留區的印地安人、製作成立體全像照片的美洲紅杉等等。

鹽湖城的摩門教徒清點所有（白種人）文明國家生存過的人，並儲存於電腦中。他們這種作為與其他美國人並無二致，都具有相同的傳道精神。重溫根源乃亡羊補牢之重任。這是他們的宿命：既然他們並不是歷史上最先立足於此者，他們乃立志要當最先藉著重構來使一切化為不朽的人（藉著把東西放到博物館裡，他們能立刻媲美大自然耗時數百萬年才完成的化石化過程）。但是美國人對博物館的構思比我們要更宏大許多。對他們來說，樣樣東西都值得保護、加以防腐處理、修復。樣樣東西都可以有第二生命，擬仿物的永恆再生。美國人不只是傳道士，他們也是再浸禮論者（anabaptiste）：既已錯失原始的洗禮，他們夢想將所有東西做二度洗禮，並只授予後來這次聖禮象徵價值。如大家所知，第二次洗禮乃是第一次的重演，但卻**比第一次要更為真實**。而這正是擬仿物的完美定義。所有再浸禮論者都具有宗教意識，而且有時候還有暴力傾向，美國人也不例外。他們依原物的精確形式來重建它們，以便在最後審判日時將它們呈現。他們不惜破壞與摧毀——閔采爾[21]是一位再浸禮論者。

摩門教徒弄出世界上最大的電腦化計畫，這並非是個意外：清點世界各地二十代活過的靈魂做成紀錄，這個過程被視為是讓那些靈魂再度受洗，帶給他們一道新的得救諾言。福音傳道已成為突變種及外星人的使命，假如它會如此進展（？）的話，那是幸虧有了最新的記憶儲存技術。而這些之所以成為可能，乃是因為資訊科學深具清教精神所致。這是一種高度具有喀爾文教派及長老教會色彩的誡律，繼承了救世科技（techniques de salut）普遍與科學的嚴格性。天主教會的反宗教改革方法，以它種種天真的聖典活動、它的禮拜儀式、它較具古風與較通俗的信仰，絕對無法和這種現代性競爭。

執行者的終端設備

根絕

轉移擴散的消費

---

21. Thomas Münzer，一四八九—一五二五，德國傳教士及宗教改革家，也是一五二四年至一五二五年農民起義的領導者，在弗蘭肯豪森（Frankenhausen）一役中被俘，後遭處決。

生存到處都成為一個炙手問題，或許是由於一種對生命的隱約厭倦或是一種對大災難的集體渴望（雖然我們不應該太把這個當真：它同時也是對大災難的賭注）。當然，整套存活的議題，包括飲食控制、生態環境、保護美洲杉、海豹或人種等，都企圖證實我們極富生命力（正如所有想像的神仙故事都傾向於證明現實世界非常真實）。但是這點並不是那麼確定。因為不僅活著的事實並沒有真正獲得證實，而且這個社會的弔詭是：你甚至不能再死於其中，因為你已逝世……這是真正的懸而未決。而這不僅是由於我們活在核子時代，也因著我們生活的安適——安適讓我們成為倖存者。假如核子彈掉下來，我們既不會有時間去死，也絕不會意識到正在垂死邊緣。如今身處過度保護的社會裡，我們不再意識到死亡，因為我們已微妙地進入一種過度安適的生活狀態。

大屠殺已經創造出一種可預期的模式。集中營的囚徒被剝奪的正是處置自己的生死——拿自己生命來冒險、來下注、來犧牲——的可能性：他們被剝奪了自己的死亡之權。而這種事也正發生在吾人身上，以緩慢的、有如順勢療法的極微劑量，所利用的正是我們的體制發展。爆炸與滅絕（奧許維茲集中營及廣島原爆）仍然繼續發生，只不過是以一種化膿性、地方性的形式進行。然而，連鎖反應仍然繼續，鄰近感染，濾過性病毒和細菌展開蔓延。歷史的終結，正是此種連鎖反應的開端。

對生存（而非生活）的拚命追求是這種形式的一個徵候，無疑也是最令人憂慮的人種墮落訊息。假如你想想這種追求在現時所採取的方式，像是核爆避難所、生命低溫保存（cryogénisation）、高壓療法（forcing thérapeutique）等，你就可看出它們正好是滅絕的方式。為了避免死亡，我們選擇躲入這種或那種保護性的氣泡。依此角度看來，我們應該把它當成一種令人鼓舞的跡象——人們對核爆保護很快失去了興趣（避難所市場已成為只是擁有聲望的市場，就像藝術品或豪華遊艇的市場）。人們似乎已對核子勒索感到不厭其煩，決定不屈服於它，任由毀滅的威脅臨迫眼前，或許隱隱約約感到它非常不真實。一則看似聽天由命，其實努力尋覓生路的佳例。「假若我們難逃一死，與其死在地下石棺中，還不如死在戶外。」當即，對生存的勒索結束，而生活得以繼續。

核子威脅的巨大情節、戲劇性的談判、「星際戰爭」——所有人都很厭倦這些天敵景象。最後，他們以缺乏想像力來自我防禦。有人想藉《最後一日》（*The Last Day*）之類的電影來喚醒那種想像，可是也發揮不了作用。從來沒有東西能夠讓這種景象（scène）——或說這種核爆淫景（obscénité nucléaire）——顯得可信。對於這般棘手事物（就像癌症一樣），想像死亡會讓致命事件更加迫近。因此，民眾對核爆哀調的冷漠（不管來自核子強權或反核運動者）其實是極為重要的政治事實，表示人類依舊有偉大的願景。

有一則科幻故事，敘述多位富豪在他們的山區豪華大別墅裡，一朝醒來發覺自己被一種透明但無法穿越的障礙物所包圍，一道玻璃牆在一夕之間出現。從變成玻璃狀的華屋深處，他們仍然能夠隱約看見外面的世界，那是與他們隔離的現實人間，突然間，這個現實人間變成理想的世界。但是太遲了。這些富人像金魚一樣慢慢地在他們的玻璃缸裡死去。這裡的一些大學校園令我想起這則故事。

迷失在松林、田野及河流間（捐獻給大學前，這裡原是一處舊農場），而且是由一棟棟小房舍串組起來，彼此都在視距之外，看不見對方，就像這裡的居民一樣：這個地方就是聖塔克魯斯（Santa Cruz）[22]。如同聖塔芭芭拉一樣，

— 22 加州西海岸城市，在聖荷西（San José）以南。

它有點像是百慕達三角：所有東西都消失於此。所有東西都被吸納進去。全然沒有中心，全然的共同體。依循未來的理想城市藍圖設計的理想安樂窩。沒有東西匯合在單一點上，交通如此，建築如此，官方機構如此。但是，也正因為這樣，發動示威也變得不可能：你能在哪裡集結？示威只能在森林裡進行，只有參與者自己看自己表演。所有加州的校園都以空間遼闊迷人而著稱，而聖塔克魯斯是其中最理想化、最順應自然律則的一處。它是所有美麗事物的縮影。著名的建築師在卡梅爾（Carmel）和蒙特利（Monterey）的蜿蜒海灣設計了許多建築物。如果未來的盛宴已在某處具現，那麼，地點一定就在這裡。然而，這種自由，因受到草木的舒愉及學院特權的保護，再度變成它自身的囚犯，被監禁在一種自然與社會的過度保護中，結果終於產生了如同監獄世界一般的痛苦（**正是由於它的牆壁**，在某些條件下，監獄制度可能比開放的社會制度更快地朝烏托邦的方向演進）。這裡是個解放的社會，世上無他處堪與比擬。這裡的精神病醫院是開放式的，公共運輸一切免費，但很弔詭的是，這種理想現已被幽閉在它自身裡，宛如被拘禁在一片玻璃牆壁後面。

一種樂園式和退化的景象。我們或許可以理解李歐塔（Jean-François Lyotard）所稱的「太平洋之牆」（Mur du Pacifique）指的就是將加州囚禁在它自己的無上幸福裡的這道水晶城牆。但是，對幸福的需求在以往是某種遼闊似海及具有解放色彩的東西，而在這裡它卻被包裹在一種胎兒般的寧靜之中。在這個安裝了保護填料、林園般靜謐、快活的奇異共和國中，可仍然還有激情、謀殺與暴力行為？有的，但是這裡的暴力是自閉症般，而且是受到刺激後的反應。沒有情殺，可是有強暴，還有一個案子，兩年裡有十二名婦女慘遭殺害，之後才逮到凶手。這是胎兒式的暴力，如同「自動書寫」（écriture automatique）一樣缺乏動機。它似乎不是真正的攻擊，而是對舊禁忌的懷念。（為什麼強暴的數目隨著性解放的程度增加？）

這裡迎向森林的男女生混合宿舍顯得多麼多愁善感，彷彿自然本身可以令人快活並充滿母性，本身可以擔保性的繁茂綻放及習尚的良好生態，彷彿自然可以同情地看待任何人類社會，彷彿人可以和她有某種關係——遠離這個殘酷的魔法宇宙——不是**斯多葛式**的關係，不是斯多葛派哲學家所定義的那種無法預見、殘酷的必然性與更大的挑釁、更大的自由之間的關係。在這裡，所有英雄式宿命感的痕跡皆已消逝。整個地方散發著一種與自然、與性、與瘋狂，甚至與歷史（從一種細心修正重訂的馬克思主義觀點）的感傷式和解的氛圍。

就像諸多當代美國的生活領域一樣，聖塔克魯斯是個**放蕩狂歡後的世界**（l'univers d'après l'orgie），社會性與性的大動亂之後的世界。來自放蕩狂歡年代的難民——性、政治暴力、越戰、胡士托運動（Woodstock Crusade）[23]的放蕩狂歡，以及種族與反資本主義的鬥爭，還有對金錢的狂熱、對成功和硬科技等的狂熱，簡而言之，即來自整個現代性的放蕩狂歡的難民——現正在他們的部落組織中慢跑前進，鄰近矽谷（Silicon Valley）的電子部落組織。放鬆步調、解除中心（décentrement）、空調、軟科技。樂園。但是只要很輕微的調整，只要稍許程度的變動，即足以使它看起來像座煉獄。

在性的領域有一種新的發展。放蕩狂歡結束了，解放結束了；他們不再追尋性，改向追尋「類型」（genre）（「性別」〔gender〕），亦即，人的**外貌**及其遺傳定則。他們不再擺盪於欲望及享樂（jouissance）之間，而是在遺傳定則及性別認同（identité sexuelle）（有待發現）之間。這種新的愛欲文化

—

23. 胡士托在紐約州東南部，因一九六八年八月嬉皮青年聚集於此舉辦搖滾音樂節而名噪一時。

（culture érotique）在禁忌文化之後（「**你對性的先決條件是什麼？**」——「**門要鎖上，燈要關掉，而且媽媽必須在外埠。**」）才建立起來，這是一種建立在質疑自我的定義的文化：「我有性別嗎？我是什麼性別？終究，性別有必要嗎？性別的差異何在？」解放已經使每個人處於一種未確定的狀態（總是同樣的問題：一旦你獲得解放，你就被迫得自問是誰）。在一個充滿必勝決心的階段之後，女性的性主張（la sexualité féminine）就跟男性的性主張（la sexualité masculine）一樣脆弱。所有人都覺得茫然。這就是為什麼他們拚命做愛、拚命生小孩：這樣讓你至少仍然可以證明，因為需要有兩個人，**所以差異依然存在**。但是用不了太久。現已有所謂的**肌肉女人**（muscle-woman），只憑藉她陰道的肌肉就可精確複製男性的插入效果，這是自我指涉性（autoréférentialité）及不需要差異就可進行（économie de la différence）的佳例——她至少已經發現了自己的屬性。

更普遍的問題是差異的缺乏，此與性特徵的衰微有密切的關係。男子氣概的外在徵象正在消褪之中，但是女性徵象亦同樣如此。在此情勢下，我們看見新的偶像浮上了檯面，這些偶像向未定義（indéfinition）挑戰，並且玩弄性別類型的摻混遊戲。**性別扭曲者**（Gender benders）。非男非女，但也不是同性戀。喬治男孩、麥可．傑克森、大衛．鮑伊……前一代的偶像是性感和快感的爆炸性人物，而這些新偶像向大家提出差異**遊戲**（jeu de la différence）與他們自身缺乏定義的問題。他們是特異分子。因為缺乏身分，他們大都跑去尋求一種「類型模式」（modèle du genre），一種屬性的程式。必須找出某種產生特異的特徵，所以，何不在時尚……或遺傳學上尋找？一種建立在穿著上的**外貌**，或者一種建立在細胞上的**外貌**。什麼蠢話都可以，任何語言都行。差異的問題比快感的問題更具決定性。我們正在這裡尋找一種如今已成過去的性解放後現代模本（無論如何，那種解放都已不再流行）？或者這是一種自我知覺的生物社會學上的變化——建立在性失去其先前所享有的優先性上，而這種優先性乃是整個現代時期的特色？**性別研究：一個新領域**？

究其終極，這樣既不會被當成男性，也不會被當成女性，而是一種個人性別的播散（dissémination），只指涉到自己，每一個人都當成獨立的事業在經營。誘惑的終結，差異的終結，而且悄悄溜向一個不同的價值體系。一種令人驚奇的弔詭浮現：性可能再度變成次要問題，正如它在早期社會的大部分時候一樣，而被其他較強勁的象徵體系（出生、階層、禁欲、榮耀、死亡）所掩蔽。這將證明性畢竟只是眾多可能的模式之一，而且不是最具決定性的所在。然而，現今的那些新模式會是什麼樣子（因為現時所有其他模式皆已消失）？似乎極有可能浮上檯面的模式是一種具競爭力的理想類型，一種實現個人基因程式的模式。不管是在事業上、在感情上、在目標和樂趣上，每個人都會努力發展自己的最佳選擇。每個人都會有自己的符碼、自己的程式。然而也有自己的**外貌**、自己的形象。所以我們或許該弄點像是基因的**外貌**之類的東西？

爾灣（Irvine）[24]：一座新的矽谷。一家家封閉式的電子製造廠，就像積體電路。專注於離子與電子的沙漠地帶，一處超越人類的地方，非人性決策的產物。蓄意要反諷吧，《浩劫餘生》（*la Planète des singes*）[25]就在爾灣的小山丘上拍攝。但是，在草地上，美國的松鼠告訴我們一切平安，告訴我們美國善待動物、善待它自己，也善待世界他處，而且在每個人心中都有一隻安睡的小松

---

24. 加州南部的城市。
25. 美國導演法蘭克林・沙夫納（Franklin J. Schaffner）一九六八年出品的科幻電影，描述一群太空人被迫降落在一個未知行星，結果發現當地的統治者為猿猴，人類則淪為奴隸。

鼠。整個迪士尼哲學令這些穿著灰色毛皮外衣、多愁善感的漂亮小動物對你百依百順。對我來說，我相信在這些微笑的眼睛之後潛伏著一頭冷酷、凶狠的野獸，恐懼地窺伺著我們……在松鼠嬉遊的草地上有著某個耶穌會或其他團體所立的標語：「**越南、柬埔寨、黎巴嫩、格瑞納達——我們是暴力世界裡的一個暴力社會！**」

萬聖節沒有什麼有趣之處。更確切地說，這個挖苦性的節慶反映了兒童對成人世界可怕的報復欲望。源自這股邪惡力量的威脅籠罩著成人世界，其強度和他們對孩童的付出相當。在所有這些化裝及禮物的背後，沒有什麼比這種兒童巫術更為病態——很多人家熄掉燈火並躲藏起來，以免遭受騷擾。所以，其中有些人會把針或刮鬍刀片暗藏在送給孩童的蘋果或小甜點裡面，這並不令人意外。

美國電視中的笑聲已經取代了希臘悲劇裡的合唱團。笑聲幾乎無所不在；**新聞**、股市消息與天氣預報是少數得以倖免者。但是，笑聲實在是縈繞不休，連在雷根的說話聲中或在貝魯特的海軍陸戰隊發生災難之後都聽得到，甚至在廣告的背景配音中。它是《異形》（*Alien*）中的那頭怪物，潛蕩於這艘太空船的各個通道間。這種笑聲是一種清教徒文化的挖苦式興奮。在其他國家，笑聲這回事是留給觀眾的。這裡，他們把笑聲搬到螢幕上，和表演湊合一起。正在開心歡笑的是螢幕。你只能錯愕以對。

電視上的越南（一句冗詞，因為它永遠是一場電視戰爭）。美國人以兩種主要武器來戰鬥：空中武力與資訊——也就是說，以對敵人的有形轟炸與對世界他地的電子轟炸來戰鬥。這些都不是陸地上的武器，而所有越南人的武器與其戰術都是斯土斯民的產物。

那就是為什麼這場戰爭兩造各有所贏：越南人在地面戰場上打贏，而美國人則在電子的心智空間打贏。假如說一邊贏得意識型態及政治上的勝利，另一邊則製造了橫掃全世界的《現代啟示錄》（*Apocalypse Now*）。

美國人對燈火熄滅有強迫性的恐懼症。住屋通宵開燈。在摩天大樓中，空蕩無人的辦公室依舊燈火通明。**高速公路**上，即便在大白天，所有汽車的頭燈仍然亮著。在加州威尼斯的棕櫚大道（Palms Ave）上，一家賣啤酒的小**雜貨店**的橘色和綠色霓虹燈在空茫中通宵閃爍，儘管這一帶的街道在晚上七點後就寂寥無人。電視更不用說，它的二十四小時全天候節目常常像是住家或旅館空房間裡的鬼魅幻影——如在波特維爾（Porterville）的這家旅館，窗簾破了，水被切斷了，房門也在風中嘎嘎搖晃，然而在每間客房的螢光幕上，一位電視評論員正在描述太空梭的起飛。沒有比播放著節目的電視機留在一間空房裡更神祕的事了。這甚至比一個男人自言自語或一個女人在她的平底鍋邊站著作夢更詭異。這好像是另一個行星正在與你聯絡，突然間電視暴露出其廬山真面目：它是另一個世界的錄影，事實上並不是在對任何觀眾說話，滿不在乎地傳送著它的影像，對它自己的訊息漠不關心（你可以很容易地想像，在人類消失後它兀自繼續搬演著）。總之，美國人無法接受夜晚或休息時刻的到來，也無法忍受看到科技產品停止運作。每樣東西必須不停地運轉，人為的力量不可以有暫歇，而且自然循環的間歇特性（季節、晝夜、熱與冷）也必須由一種時而荒謬的功能性連續來取代（其實，還有類似的對真假的間歇性質的拒絕：萬物皆真；以及對善惡的間歇性質的拒絕：一切皆善）。你可能會從恐懼或者妄執的角度來解釋這種現象，或說這種不具生產力的支出是一種哀悼的行為。然而荒謬之事物亦是可讚賞之事物。**摩天大樓**的輪廓線在夜闌中閃爍，沙漠中空蕩蕩的旅館依舊運作著的空調設備與日正當中的人工照明都有其瘋狂和可讚嘆之處。一個富有文明的愚蠢奢華，這個文明看到燈火熄滅或許就如原始夜晚的獵人一般驚恐。一切現象必有其道理。但令人驚訝的是這種對人為技術、對能量與對空間的著迷，而且不只是自然的空間：他們腦中的空間也是遼闊無比。

所有偉大的世界強權都曾在歷史上的某一段時間創造出自己的紀念性大道，提供一幅宏偉帝國的透視縮圖。但是阿茲特克人（Aztéques）[26]在特奧蒂瓦坎（Teotihuacán）[27]、埃及人在帝王谷（vallée des Rois）[28]，以及路易十四在凡爾賽宮，卻都是在一棟他們自己的建築物上就創造出這種縮圖。在華盛頓，從林肯紀念堂延伸到國會大廈的宏偉景貌是由一系列的博物館所構成，等於是我們的世界從石器時代到太空時代的縮影。這讓整個地方有一種科幻小說的味道，好像其用意是要蒐集所有的冒險經歷及人間世文化的標誌，好讓外太空來的訪客方便參觀。而白宮就矗立在一旁，小心翼翼地看守著整個場所，它本身看起來也像是一座博物館，世界強權的博物館，帶著一份疏遠和預防疾病的潔白。

夜間飛越洛杉磯上空真是一種無可比擬的經驗。觸目所及盡是一片明亮、幾何圖形般、白熱的宏景，從雲隙間透顯而出。只有波許（Jérôme Bosch）[29]畫中的煉獄描繪過這般的火盆景象。所有這些對角線的黯淡熒光：威爾樹

---

26. 墨西哥印地安人，為十五、十六世紀中南美洲最強大的民族，具有高度的文明，其所建立之帝國於一五二一年遭西班牙人所滅。

27. 阿茲特克人古城，在今墨西哥市東北三十公里處，七〇〇年時遭焚毀，現被列為世界性文化遺址。

28. 古埃及新王國時代的王陵所在，在開羅以南六百多公里處的尼羅河沿岸。

29. 荷蘭畫家，一四五〇—一五一六。

（Willshire）、林肯、日落大道、聖塔莫尼卡[30]。飛越聖費爾南多山谷（San Fernando Valley）時，每個方向皆是一望無際。然而，一旦你越過此山，一座十倍大的城市便豁然出現眼前。以前你鐵定沒有見過如此遼闊的景觀，即令大海亦不足以與之匹配，因為大海不是以幾何圖形來劃分。歐洲城市不規則、零落的閃爍，也不會產生同樣的平行線、同樣的消失點、同樣的空中觀點。它們是中世紀的城市。而這座城市在夜間變成了整個人際網絡的未來幾何圖形的縮影，在它們的抽象中閃爍，在它們的廣延中發亮，在它們的無限繁殖中呈現星星的樣貌。到了晚上，穆荷蘭大道（Mulholland Drive）是外星人觀看地球的最佳位置，反過來說，也是地球居民觀看銀河大都會的最佳地點。

趁著洛杉磯的破曉，走上好萊塢山丘。你清楚地感覺到：太陽在行來此地昇起途中，只在歐洲蜻蜓點水般路過。在這平面幾何圖形的上方，太陽光線仍然是沙漠邊緣的曙光。

在電子看板前搖曳的長柄棕櫚樹，是這個平面幾何圖形中唯有的垂直符號。

清晨六點，比佛利高地上已有一名男子在公共電話亭打電話。霓虹燈招牌隨著白晝到來而熄滅。日光照射之下，建築物稀疏難覓。這是這座城市的美麗所在，如此親切與溫暖，不管人家怎麼說它：事實是它愛上了自己無止盡的水平景象，正如紐約愛上了它自身的垂直景象一般。

—
30. 加州西南部洛杉磯附近之沿海城市，著名度假勝地。

洛杉磯高速公路

宏偉、自發的汽車交通景觀。一整幕集體的劇景，由所有的居民來演出，一天二十四小時。由於規模龐大及此種將各個通道網路連結的共謀關係，此地的交通達到具有戲劇性的吸引力的層次，獲得象徵性構造（organisation symbolique）的地位。而汽車本身，因其流動性及其自動排檔，已經以它們自身的形象創造出一種氛圍，一種讓你溫和嵌入其中的氛圍；你轉入其中，就彷佛轉入一個電視頻道般。不像我們歐洲的高速公路具有固定、獨特的方向，因此仍然是把人驅趕離開的場所（維希里歐），洛杉磯的**高速公路**系統是整合的場所（人們甚至說，有些家庭駕駛著其**移動住**家繞著這些道路跑，而絕不會離遠而去）。它創造出不同的心靈狀態，歐洲駕駛人在這裡很快地放棄其攻擊性的、見招拆招的行為和他的個人反應，而接納這種集體遊戲規則。在到處存在的沙漠中，你會享有某種行駛的自由，的確，洛杉磯以其廣闊的市區，也不過是沙漠中一處有人煙的片塊之地。因此，這些**高速公路**並沒有破壞這座城市或此地景色的原貌；它們只是穿過這座城市、解開這座城市，而沒有改變此一都會的沙漠特性。它們極為適合唯一真正深奧的樂趣——不停地流轉移動。

對熟悉美國高速公路的人來說，它們的交通號誌讀起來像是連禱文（litanie）。**右車道必須出去**。這個「**必須出去**」總是像一道宿命的標記般敲擊著我。我必須走，將自己驅離這處樂園，離開這條神意安排、不會帶領我到任何地方、卻讓我得以與整個世界為伍的高速公路。這是這裡唯一真正的社會、唯一的溫情，這種推進力般、集體強制的溫情，這種北極旅鼠（lemming）的集體自殺行動——何以我必須離去，重回個人的軌道，再度掉入虛浮的責任感中？**必須出去**：是一種宣判。強制選手從唯一的——無用又輝煌的——集體存在形式出局的宣判。**所有車輛併入左車道**：他們告訴你一切，向你宣布一切。

只要讀讀這些你生存所依的交通標誌，你立即會有一種反射性的清晰、反射性的「參與」的絕妙感受，即刻又悠然自得。一種以精確的姿勢動作來回應功能性參與的絕妙感受。向文圖拉高速公路（Ventura Freeway）和聖地牙哥高速公路分岔的車流彼此並未分離，它們只是分隔開來。白天的每一刻幾乎都有相同數量的汽車分道朝好萊塢或朝聖塔莫尼卡奔去。純粹的、統計數字的能量，儀式般的進程——車流的規律抹消了個別的目的地。這就是慶典的魅力：有整片空間在你面前，正如慶典有整段時間等在其面前。

重點不在撰寫汽車的社會學或心理學，重點是駕駛。駕駛讓你充分了解這個社會，勝過所有學院可以給你的知識。

由於裝備有自動排檔與動力方向盤，美國的汽車一起動後就平順前行。車子不費力地開動了，安安靜靜地在公路上奔馳，往前滑動，些微的碰撞聲都沒有（一般道路和高速公路的路面真是不得了，而汽車流暢的機械性正好與之匹配），剎車平順而迅速，乘車前行，宛若坐於氣墊上，不用瞻前顧後（這裡對集體駕駛有一種默契；而在歐洲，我們只有交通規則）——這一切創造出一種新的空間經驗，同時也是整個社會制度的一種新經驗。想要了解美國社會，只要從其駕駛行為的人類學研究中即可全盤掌握。駕駛行為所透露的知識，遠勝過從其政治理念中所得。想要深度了解美國，驅車萬哩路橫越北美大陸，勝於所有社會學與政治學研究機構的總和。

無疑地，早在高速公路系統出現前，就造了這座城，但現在看起來彷彿這座大都會實際上是環繞著這個幹道網絡而建造。美國的現實也是如此。在銀幕發明之前，美國的現實就擺在那裡了，但今日其樣樣事物卻使人以為它的現實是依據銀幕而建構出來的，以為它是一個巨大銀幕的折射，這並不像是一個柏拉圖式的影子遊戲，而更像是每樣東西都被銀幕的閃光攜帶前行。且籠罩在此光芒中。由於具有流動（flux）和移動性（mobilité），此銀幕和其折射是日常事件的基本決定因素。動力和電影的要素互相融合，產生了一種與吾等歐洲人不同的心智結構與整體認知。你不會在歐洲找到類似此地的移動性或銀幕先於現實的情景，在歐洲，事物維持其靜態形式，也就是實體的可觸知形式。

事實上，這裡的電影所在之處並非如你所想，它當然無法在觀光客群聚的攝影棚裡找得到——環球（Universal Studios）、派拉蒙（Paramount）及迪士尼樂園的分支機構等等。假如你相信說美國是整個西方世界的具體化之地，加州是整個美國的具體化之地，而米高梅電影公司（MGM）與迪士尼樂園則是加州的具體形象，那麼，這裡就是整個西方世界的縮影。

事實上，你在攝影棚參觀所見的乃是對電影幻象的貶損及嘲諷，正如迪士尼樂園所提供的乃是對想像世界的戲仿（parodie）。明星和影像的奢華年代被化約成一些人造的龍捲風效果，可憐兮兮的假建築物，還有幼稚的把戲，觀眾假裝被其所騙，以避免感到太失望。**鬼城鎮，鬼居民**。這整個地方擁有像它周遭的日落大道或好萊塢大道（Hollywood Boulevard）一樣的陳廢氣氛，你走出來，感覺到好像剛經歷了一場嬰兒般的擬像（simulation infantile）試驗。電影在哪裡？它就在你周遭的世界，在整個城市，有令人嘆為觀止、連續不斷的電影和劇本的演出。到處都是電影，除了這裡。

美國的魅力所在，甚至在電影院之外，這整個國家就是像電影一般。你所穿越的沙漠就像是西部片的背景，而這些大都會就像充滿符號與公式的銀幕。當你大步跨出一家義大利或荷蘭的畫廊而走進一座似乎正是剛剛所見畫作的映像的城市時，你會有同樣的感覺，宛若這座城市是從畫中走出，而非被畫進這幅作品裡。美國城市似乎是從電影中跨步出來。因此，為了要捕捉它的祕密，你不應該先逛城市然後再去看電影銀幕；你應該先去看電影銀幕，之後再步入這座城市。在那裡，電影並不具有特殊的形式，而是讓街道與整座城鎮都籠罩在一股神話的氛圍裡，這是真正引人入勝之處。這就是為什麼明星崇拜並不是一種次要現象，而是電影的輝煌形式，它奇妙的神化運動乃是我們現代性的最後一則偉大神話。正因為偶像只是一種單純、有感染力的影像，一種以激烈方式實現的理想。據說明星讓你有夢可築，但是築夢與影像魅力有所差別。銀幕偶像就處於內在生命作為一系列影像的開展過程中。他們是一套奢華的預鑄物、生命與愛情俗套的燦爛綜合體。**他們只具現了一種激情：對影像的激情**，以及一種表現在影像上的欲望內裡。他們並不築夢，他們就是夢幻本身，他們擁有夢幻的全部特質：他們製造出一種強大的凝縮（condensation）（凝結〔cristallisation〕）及鄰接（contiguïté）（他們具有即刻的傳染力）的效果，尤其是，他們具有那種把欲望瞬間**具體化**（Anschaulichkeit）的力量，而這也是夢的特色之一。因此，他們並不提供浪漫或性的想像；他們是立即的可見度、立即的謄寫、物質的拼貼（collage）、欲望的沉澱。他們是物神、拜物的對象，與想像世界毫不相干，但是和**影像的物質性虛構**有關。

一九八九年，革命性的奧林匹克運動會將在洛杉磯舉行，以紀念法國大革命兩百週年。歷史的火焰傳到了西海岸，這是正常的，所有在歐洲消失的東西都在舊金山重生。設若藉著巨大的立體全像圖、最詳盡的資料館、完整的電影圖書館、最好的演員、最好的歷史學家來重構偉大革命的現場——爾後一世紀內，你都無法說出差別何在。精心設計得好像革命乃發生於此地一般。假如蓋提在馬里布的大別墅突然遭熔岩吞沒，幾世紀之後，那棟建築和龐貝（Pompéi）的廢墟會有什麼不同？

假如一場新的革命在現在和一九八九年之間爆發，這些兩百週年紀念的籌辦者會怎麼做？但是要發生那樣的事，門都沒有。可是你又忍不住希望會有真實的事件來造成擬仿物的短路，或是這擬仿物本身可能會變成大災難。同樣地，在環球公司的攝影棚，你會一直巴望那些特殊效果變成真實的劇情。但是這種巴望只是一種最後的懷舊，而且實際上已遭電影本身剝奪（《鑽石宮》〔*Westworld*〕、《翡翠窩大陰謀》〔*Future World*〕）。

奧林匹克運動會——澈底的即興表演，集體參與全國性的自我慶祝。**我們做到了**！我們是最優秀的人。雷根的風格。需要有另外一位萊芬斯坦（Leni Riefenstahl）[31]來拍這部新的《柏林一九三六》。完全由廠商所贊助，充滿了幸福陶醉感，**乾乾淨淨**，百分之百的廣告事件。沒有意外，沒有大災難，沒有恐怖主義，**高速公路**上沒有交通阻塞，沒有恐慌且……沒有蘇聯人[32]。總之，一幅理想世界的圖像，供全世界觀摩。但是，在這全國性的性高潮之後，一種集體的傷感籠罩了洛杉磯市民，顯示出這個大都會仍然是個偏遠的外地。

在這個離心的大都會，假如你步下你的汽車，馬上會變成一名違規者；你一開始走動，就會對公共秩序構成威脅，就像一隻流浪狗。唯有來自第三世界的移民才有權於此地行走。就某方面而言，這是他們的特權，一種伴隨著占據了大都會空漠的心臟地區而來的特權。對其他人來說，走路、疲憊或肌肉活動

31. 德國女導演，《奧林匹克》（*Olympia*，一九三八）為其名作之一。
32. 蘇聯抵制一九八九年洛杉磯奧運，未派運動員參賽。

已經變成稀有商品、費用昂貴的**服務**。如此，反諷地，舊的情勢已經被逆轉了過來。同樣地，高級餐廳或時髦夜總會前排隊的人潮常常是長過那些在賑濟所前排隊的人龍。這就是民主政治。最最貧困的徵象至少總是有一次機會變成時髦。

美國特有的問題之一是名聲，部分是因為近來它愈屬稀罕，但是也緣於它的極端庸俗化。「在這個國家，每個人起碼都有十分鐘的出名機會。」（安迪．沃荷〔Andy Warhol〕）這是真的。舉例來說，有人搭錯飛機，原目的地是靠近舊金山的歐克蘭（Oakland），結果卻飛到紐西蘭的奧克蘭（Auckland）去。這事件使他成為當日英雄。他到處接受訪問，而且人家還把他的事蹟拿來拍電影。在這個國家，造就美名的，既不是最高的美德，亦不是英勇的行為，而是最無意義的運氣的奇特性。所以，每個人絕對都有機會，因為作為一個整體的制度變得愈加一致，就會有愈多的人只因某種微不足道的特異行為就顯得與眾不同。一股統計模型裡最輕微的震盪，一臺電腦最最輕微的一時差池，就足以被冠上異常行為的光環，不管本身如何平凡，都能享受曇花一現的名聲。

就像這名身穿白衣的基督攜帶沉重的十字架走下威尼斯的大街。那是大熱天。你想要告訴他，兩千年前已有人做過這樣的事。但是他倒也不是想要幹什麼新鮮事。他攜帶著十字架的方式就像別人把**耶穌救世**或**認識耶穌**的徽章放在他們的汽車裡。你可以提醒他說沒有人——沒有半個人——在看他，而且當他路過時，受到的只是冷淡與嘲笑。但是他會告訴你，兩千年前的情景就是如此。

波拿凡丘旅館（Bonaventure Hotel）的頂樓。它的金屬結構和它的玻璃窗洞慢慢地繞著酒吧間轉動。可是你幾乎無法感知外面的摩天大樓有跟著在移位。

然後，你才了解到是酒吧的平臺在移動，而這棟建築物的其餘部分則是靜止不動。最後，我開始看見整座城市環繞著旅館固定不動的頂樓移動。一種眼花撩亂的感覺，一直延伸到旅館的內部，因為它的空間像迷宮般旋繞。這棟純粹的幻術建築物，純粹的時空小玩意，這仍然是建築物嗎？以它這種遊戲般、令人產生幻覺的特色，這就是後現代的建築嗎？

沒有室內／室外的介面。玻璃帷幕只是反射著周遭環境，把環境的形貌反照回去。這使它們比任何石造高牆都更加難以攀越侵入。它就像戴墨鏡的人。他們的眼睛被遮住，別人只能看到從墨鏡中反射回來的自己的影像。到處，介面的透明度都終結於內部的折射。隨身聽、墨鏡、自動化的家庭電器、高科技的汽車，甚至和電腦的不斷對話——所有這些美其名為「溝通」與「互動」的東西，到頭來每個單子[33]都退縮到它自己的公式的陰影下，進入它自動調節的小角落與它的人工免疫，終結了一切。像波拿凡丘這類大樓自稱是完美、自給自足的微縮城市。但是它們與城市的隔離，勝過與它的互動。它們不再看見外面的城市。它們像一道黑色表面般折射它。而且你再也走不出這棟建築本身。況且，它的內部空間錯綜複雜，不過並無神祕之處；它只是像你玩的那些遊戲，你必須把所有的點連結，而不讓任何線交叉。在這裡也是，所有東西都彼此連繫，可是卻沒有兩雙眼神曾經交會。

外邊同樣如此。

33. 「單子」（monade）是德國哲學家萊布尼茲的思想，意指構成一切事物的最根本的原素，分無可分，乃是抽象的存在，不具有感官的感知性。單子可數，但數量無限，充斥著整個可感知的時空。布希亞以此來類比單個的個人。

一個化了裝的人，臉部套了一只長長的鳥嘴，身體披覆著羽毛，頭上還罩著只露出兩眼的黃色風帽，一身奇裝異服的瘋子，在鬧區人行道徘徊，但是沒有人，沒有半個人，注意到他。這裡的人都不敢注視別人。他們太過害怕別人會撲上前來，做出令人難堪的、性的要求，強索金錢或感情。一切都充載著夢遊症的暴力；而你必須避免接觸，以逃離它潛在的發洩可能。既然瘋子已從精神病院釋出，所有人都被視為潛在的瘋子。一切都是如此隨便，極少見到矜持或禮節（除了臉上露出的一抹微笑——那是很脆弱的保護動作），讓你覺得隨時都有東西會爆炸，藉著某種連鎖反應，所有這些潛在的歇斯底里都可能會在瞬間發作。在紐約會有同一種感覺，在那裡，恐慌幾乎是市街的特有氣味。有時候它會以一個巨大的故障的形式呈現出來，譬如在一九七六年。

到處，建築物的墨色玻璃外觀像是臉孔：毛糙的表面。好像建築物裡面沒有半個人，好像這些臉孔後面沒有半個人。而**真的**也是沒有人。這就是此座理想城市的風貌。

第一國際銀行（First International Bank）。克洛克銀行（Crocker Bank）。美國銀行（Bank of America）。聖靈降臨節儲蓄銀行（Pentecostal Savings）（或許那是一家教會？）。全部簇集在這座城市的心臟地區，在那些大航空公司的旁邊。錢是流動的，就像聖寵（grâce），它從來不屬於你。索求它是對神的不敬。你該獲得這個恩賜嗎？你是誰，你又打算怎麼處理它？你很可能是想拿它來做某種用途，而且無疑是個邪惡的用途，然而錢處於流動和無時間性的（intemporel）狀態時（譬如說當它存放在銀行裡投資，而不是被花掉的時候）是那般地美麗。感覺羞愧吧，然後吻吻賜給你金錢的那隻手。

這是真的：金錢燙手，就像權力一樣，我們需要人們來為我們冒這個風險，而我們應該永遠感激他們。這是為什麼我會猶豫把錢存到銀行裡。我害怕永遠不敢再把它取出來。當你去做告解，把你的罪行託付給神父的良心保管，你可曾來要回它們？銀行的氣氛就是告解般的氣氛（不再有卡夫卡式的境況）：承認你有錢，承認這是不正常的事。這也是真的：有錢是一種徒有虛名的境況，銀行會非常高興傳話給你說：「你的錢讓我們感興趣」——銀行向你敲詐勒索，真個貪得無饜。它直率的凝視讓你懷疑自己衣不蔽體，而你就被迫交出你的錢來滿足它。有一天，我想要清掉我的戶頭，將所有存款以現金領出。出納員不讓我帶著那麼多現款出去：這樣做很猥褻、危險、不道德。我不換些旅行支票嗎？不，全部現金。我瘋了：在美國，假如你不相信錢及它神奇的流動性，而要將現鈔帶在身上，你就是瘋到極點了。錢齷齪骯髒，這一點不假。而我們真的需要所有這些混凝土與金屬建造的聖殿來保護我們不受它汙染。所以銀行確保了一個重要的社會功能，而且這些建築物應該構成城鎮的紀念性心臟地帶，這十分合乎邏輯。

這裡最美麗的事物之一當屬拂曉之時：聖塔莫尼卡碼頭，白色浪花滾滾，整個威尼斯天空灰濛濛，淡綠或青綠色的旅舍俯瞰著沙灘，而一長排傾圮的汽車旅館點綴著汙穢的小燈，屋牆上滿是塗鴉，一片亂糟糟。浪頭上已有一些患了不眠症的衝浪者來造訪；這些挺著盛年優雅之姿的極度憂鬱的棕櫚樹；還有旋轉木馬。這處以圓弧狀伸展向長灘（Long Beach）的海灣，其遼闊有如里約熱內盧的伊帕涅瑪（Ipanema）海灣——唯一規模堪與之相比的海灣。但是，不像里約熱內盧有它驕傲、奢華與矯飾（雖然無損其美麗）的海濱林蔭大道，這裡，城鎮的終點處幾乎是在海洋中的一片朦朧荒地，就像一處洗海水浴的市郊之地，而它也的確保有朦朧的魅力。此地在拂曉時是世界上最不足道的海岸線之一，只是一個釣魚的去處。西方世界終結於一處缺乏表意的海岸，就像一趟在到達終點時失去其所有意義的旅行。壯闊的洛杉磯大都會像沙漠般擱淺於海，以同沙漠一般的漫不經心。

生或死：這句聖塔莫尼卡碼頭的塗鴉充滿了神祕感。因為我們在生死間真的沒有選擇餘地。假如你活著，你就活著；假如你死了，你就死了。這就像是說：「不自由，毋寧死！」這很愚笨，但是又像謎一般。你可以把它讀成：你應該奮發向上，要不然就消失；但那也是陳腔濫調。若依「**錢拿來，不然就得死！**」、「**要錢或要命！**」的模式來推衍，它會變成「要命，或要命！」又是蠢話一樁，因為你不可能拿你的性命來換取你的性命。然而，在這不可改變的套套邏輯（tautologie）中是有著詩意的力量，就如讓人看得滿頭霧水的東西總是具有詩的魅力一般。最後，這句塗鴉的教訓或許是：假如你比我笨，去死好了！

別人把時間耗在圖書館，我則把時間耗在沙漠中、在路途上。他們從思想史中攫取所要的材料，我則從親身經歷中攫取材料，從街道上的活動、從自然之美景。這個國家一派天真爛漫，因此你也必須天真爛漫。這裡的每樣事物都留存著一種原始社會的印記：科技、媒體、全然的擬像（生物、社會、立體聲、電視影像）都是在一種野性的狀態中、在它們的原始狀態中發展。到處皆顯現著「無意義」，而沙漠仍處於原始的景象，甚至大城市也一樣。空間的過度，語言與民性的單純……

我的狩獵場地是沙漠、山巒、高速公路、洛杉磯、塞夫韋連鎖超市（Safeways）[34]、鬼鎮或鬧區，而不是大學的演講會。我了解這些沙漠，他們的

34. 美國食品零售連鎖商店。

沙漠，勝過美國人的了解，因為他們不曾正視自己的空間，正如希臘人不曾理會海洋，而且我從沙漠所了解到的美國具體社會生活，勝過我從正式的或者知識界的聚會中所得。

美國文化繼承自這些沙漠，但是這些沙漠並不是一種與城鎮相對照的大自然。相反地，它們意味著空無，作為所有人為體制背景的赤裸。同時，它們意味著所有的人類體制即是那種空無的一個隱喻，意味著人類的勞動是沙漠的延續，意味著文化是海市蜃樓、是擬仿物的化為永恆。

天然的沙漠告訴我如何解讀符號的沙漠。它們教我要同時閱讀表面與運動、地質與不動。它們創造出一個所餘之物都遭刪改的視景（vision），舉凡城市、關係、事件以及媒介都在此列。它們在我身上誘發出一種對符號與人類的沙漠化的刺激視景。它們形成心智的邊境，文明事業到此擱淺。它們是在欲望的範圍與圓周之外。我們應該時時向這些沙漠求助，以對抗文化中表意的過度、意圖與冀求的過度。它們是我們的神祕操作者。

羅梅羅鞍形山（Romero Saddle）—天堂路（Camino Cielo）—藍色峽谷（Blue Canyon）—快客銀礦（Quick Silver Mine）—梧桐峽谷（Sycamore Canyon）—聖拉斐爾莽原（San Raphaël Wilderness）

當夜幕低垂，在趕了三個小時的車程後，我迷失在聖拉斐爾莽原中。繼續不斷地朝落日餘暉方向疾駛過去，然後，汽車頭燈反射在河床的沙灘上。我要過河嗎？我不過河嗎？黑暗正籠罩一切，心理預期這晚就在這裡耗過，但是威士忌創造了一種美好的放縱感覺。最後，在開了兩個小時的車並墮落一趟地獄之後，我在天堂復活，在天堂路的山脊上，可以瞭望聖塔芭芭拉的空中夜景及萬家燈火。

波特維爾

這趟旅行穿過桔樹林，在滿山如同動物毛皮般波動的青草的荒野山坡上——類似托斯卡納（Toscane）[35]的小山丘——樹葉一片深暗、幾何圖邊的綠意。一條車道兩旁種著五十棵棕櫚樹，長得同樣高，而且絕對對稱；車道通向農地主人的一棟房舍，相比之下，房舍顯得微小，所有的護窗板都關上。好似一幅殖民地的景象，但是這些其實是洛磯山脈的西側，在紅杉國家公園（Sequoia National Park）[36]的山腳處。通往小鎮（這個算不上真正小鎮的小鎮）的道路像桔樹列一樣筆直，路旁住著墨西哥奴隸，他們買下主人老舊的五〇年代的雪弗蘭。你走經一條夾竹桃林蔭大道。但真正的天敵是這城鎮本身，完全空蕩蕩，找不著中心點，到了我們歐洲人無法理解的地步。你在鎮上開車，走遍大街小巷，找不到遠端有任何像中心點的東西。甚至沒有銀行，沒有行政建築物或鎮公所。這個小鎮沒有座標；它像是一座農園。唯一的生命跡象：一面美國國旗，就靠近著小鎮了無生氣的中心——這家旅館。這是唯一的三層樓建築，破爛窗簾在黃昏熱風中拍打著碎裂的窗玻璃。旅館的房間甚至打不開，墨西哥老闆找不到鑰匙。價格低到荒謬。只消花二十美元就能待上一個星期。但是在每個房間裡，雖則床墊凹塌、鏡子上滿是塵埃，電視卻一直開著，很顯然不是開給住客看，因為在那些開門餵風的房間，甚至在那些打不開的房間，電視也一直開著。從街道上，透過窗簾，你就看得見這些電視，至少看得見它們

---

35. 義大利中西部一區，其首府為佛羅倫斯。
36. 位於加州東部內華達山區。

的反射畫面。所有的走廊地毯都已腐舊，走廊只有一種標示：「出口」。你愛從哪個方向離開都沒問題。在一家普通的汽車旅館過一夜的價錢，可以讓你在這裡租三個房間住一個星期。四十年前，貝克斯菲爾德（Bakersfield）[37]的時髦人士上山避暑時都住在這家旅館。現今它是波特維爾的心臟地帶，卻任其繼續損毀。但是天氣太熱了，顧不及憂慮那件事。

黑夜緩緩降臨波特維爾，週末夜狂熱開始。一九八五年的《美國風情畫》（*American Graffiti*）。所有的汽車以或慢或快的速度穿梭於兩哩長的通衢大道，一種集體的遊行，飲酒，吃冰淇淋，從車中向旁邊的汽車呼叫（白天開車時，他們誰也不理誰），音樂、擴音設備、啤酒、冰淇淋。這也是一種慶典，變成週末夜的地方奇景，就像夜間在拉斯維加斯的the Strip[38]上徐徐漫遊，或是在洛杉磯高速公路上的車流一樣，但是這裡的規模較小。唯一的文化成分，唯一的機動成分：汽車。沒有文化中心，沒有娛樂中心。一個原始社會：相同的發動機身分，相同的行駛前進的集體幻景——早餐、電影、宗教禮拜、愛與死，都在車上——整個生命當作一個得來速服務（drive-in）。堂皇盛大。所有人都回到這個閃閃發亮、靜悄悄的潛水裝遊行隊伍中（因為整個隊伍在平靜中通過，沒有人換檔，也沒有人超車；這些是同樣具有自動排檔的流動怪物，一部接一部平順地向前滑動）。在入夜期間，沒有別的活動，除了十幾歲女孩（像西部片裡的女牛仔）的瘋狂賽馬，在小鎮靠近棒球場的一隅舉行。照明燈

37. 加州中部的礦業城市及農業中心，因在一八五五年發現金礦並在一八九九年發現油礦而繁榮一時。
38. 拉斯維加斯的主街，拉斯維加斯大道（Las Vegas Boulevard）的別名，街道兩側兼營大型賭場的飯店林立。

輝煌四射，馬匹奔馳之處塵土飛揚。而隔天清晨，星期日清晨，這些冷寂的街道，幾乎和沙漠沒有兩樣的街道，有一種超自然的寧靜。到處有枯樹，空氣淨朗。在夜晚的汽車慶典之後，小鎮過度寬闊的林蔭道、了無生氣的商店、半醒的收付處兀自亮著燈光。自然的、孤兒般的光線，沒有車頭燈或廣告霓虹燈。只有幾個墨西哥人開著車身略長的計程車在兜客，而早起的白人則在他們的開放式陽臺前洗車。週日早晨明亮的無意義。一個全像攝影術拍攝出來的整體美國的微縮模型。

死亡谷依舊宏偉，依舊神祕。火、熱、光：所有祭典的成分都在這裡。你總是必須攜帶一樣東西進入這處沙漠來犧牲，提供它給沙漠當作犧牲品。女人。假如某種可與沙漠比美的東西必須消失，為何不能是女人呢？

一般在沙漠原地生成的文化中會發現的共生現象（symbiose）（寬鬆的衣

袍、緩慢的旋律、綠洲），在美國的沙漠中幾乎見不到。這裡，所有人類的事物都是人工製造的。火爐溪（Furnace Creek）是一處以空調設備合成的綠洲。但是沒有比酷熱深處的人造清涼、自然的遼闊空間深處的人為速度、熾盛陽光之下的電燈，或偏遠的賭場中賭博的人為活動更美麗的東西了。雷納・班漢（Rainer Bunham）說得有理：死亡谷與拉斯維加斯是分不開的；你必須同時接受一切，一種永恆不變的無時間性與最瘋狂的瞬間性。在遼闊空間的貧瘠和賭博的貧瘠、在速度的貧瘠和浪擲的貧瘠之間有一種神祕的類似關係。這是美國西部沙漠的原創性，就在那種劇暴的、帶電的並置之中。同樣的情況可以放諸美國皆準：你必須全盤接受一切，因為正是這種互相滲透的作用（télescopage）賦予美國生活方式其明亮、令人振奮的一面，正如在沙漠中，一切事物都幫助造就沙漠的神奇。假如你以道德的、美學的或批判性的判斷的細微差異來觀察這個社會，你會抹消掉它的獨創性，因為這種獨創性正是源自它對判斷的藐視與它所造成的各種效應的驚人混亂。規避那種混亂與過度就是逃避它對你的挑戰。此處之對比的暴力，正面與負面效應的缺乏區別，各個種族、科技及典型（modèle）的互相滲透，擬仿物與意象想像的華爾滋舞，好像具有夢的成分，讓你不得不接受它們的接續方式，縱使無法理解；你必須讓這種運動變成一種無法抗拒、基本的事實。

其他地方所做的差異比較在這裡沒有什麼意義。若把焦點放在美國人的禮貌上——其實常常是好過我們（「高等文化」的國家）甚多——然後指出在其他方面美國人顯得很野蠻粗俗，這種分法只是徒勞。若把死亡谷的雄渾自然景象與拉斯維加斯的下流文化現象對照比較，這也是無謂的區分法。因為前者其實是後者的隱藏面貌，而且它們在沙漠的兩端互相呼應，前者乃守密和沉默的極致，後者乃賣淫和演藝的登峰造極。

雖則如此，死亡谷**本身**具有某種神祕的成分。無論猶他州和加州的沙漠如何美麗，此處沙漠是另外的東西——某種壯觀雄渾的東西。籠罩著它的超自然熱霧，它的倒置地形的深度，在海拔以下，此處風景以它水面下的現實、它的鹽巴地表和泥山，圍繞四周的高聳山脈，使它成為一種內在的聖殿——一處溫和的、鬼魂般的傳授宗教奧義之地，近乎地質的深度和地獄外緣（limbes）。死亡谷一直讓我驚詫的是它的**溫和**、它的粉蠟筆色調和它的化石面紗、它礦石般的紫紅色（opéra minéral）的變幻光景。它沒有絲毫葬禮或病態的痕跡：而是一種意識上的狂喜神迷（transverbération），其中每樣東西都是具體可見，空氣具有礦物般的柔和，光線具有礦物般的實質，色彩像是微粒般的流體，身體在酷熱中顯現出全面的外向性（extraversion）。另一顆行星的殘塊（至少比任何形態的人類生活都要早）。在那個星球上有更深奧的時間性，你行於它的表面上時就如同在重水上漂浮。五官、心靈，且甚至你屬於人類的歸屬感，全都被眼前這個事實弄得麻木不仁：一億八千萬年的純粹、未曾有過變化的符號，因此也是你自己的存在的冷酷之謎。這是它唯一可能重現的地方，同時有色彩的物理光譜，先於人類存在——人類的生成變異——的非人性的變形（métamorphoses inhumaines）之光譜：礦物、有機物、鹽沙漠、沙丘、岩石、礦石、光、熱，所有地球曾經歷過的非人性形態，都匯集在單一揀選的目光中。

沙漠是身體內部沉默的一種自然延伸。若說語言、科技與建築物是人類建設性能力的延伸，則沙漠是人類缺席能力（faculté d'absence）的延伸，人類消失的理想模式。班漢寫道，當你從木哈未（Mojave）[39]出來，要定眼瞧見前面十五哩內的東西都有困難。你的眼睛不再能夠注視迎目而來的目標。它不再能對準東西，而所有擋住你視線的建築物或自然景物似乎都是令人厭煩的障礙物，只會破壞你完美的遼闊視野。當你離開沙漠，不管走到哪裡，你的眼睛還是繼續在你心中創造出完美的空無；在每一處有人煙的地區、每一處風景，你的眼睛都看見其底下有沙漠，像浮水印般。要恢復以平常的視覺來看待事物需要一段長時間，而且絕不可能完全恢復。不要讓這東西擋住我的視線……但沙漠不只是一個移除掉所有實物的空間，正如沉默並不是當一切噪音都被壓制後的殘遺物。想要聆聽它並不需要閉上你的眼睛。因為這也是時間的沉默。

就連電影裡照遠近法縮小的效果也呈現於死亡谷中。因為所有這神祕的地質環境也是一部劇本。此處的美國沙漠有不凡的編劇手法，雖然它一點不像阿爾卑斯山的風景一般具有戲劇性，也不像森林或鄉野一般感傷。也不像月下的澳洲沙漠一樣受到侵蝕與單調。也不像伊斯蘭教世界的沙漠一樣神祕。它純粹

—
39. 加州南部沙漠。

是地質上的戲劇性，聚合了最銳利、最具延展性的形狀與最溫和、最淫蕩的海平面下樣貌——整個地殼的變貌通過綜合的方式，以一幅令人驚嘆的縮圖來呈顯。所有地球的知識和它的要素匯集在這裡，在一幅無與倫比的景觀之中：一部地質的巨片。並不只有電影才會給予我們沙漠的電影映像，在人類來此之前許久，自然本身已順利完成它最精微的特殊效果。

想要除掉沙漠的電影色彩以恢復它原來的本質，這將是徒勞一場；這種疊影（surimpression）現象是很澈底的，而且還在進行中。印地安人、臺地、峽谷、天空——電影已經吸納了所有這些東西。然而，這可是世界上最令人嘆為觀止的光景。我們是否應該偏愛「真正的」沙漠和沙漠深處的綠洲？對我們現代人與尖端現代人（ultramodernes）而言——正如對波特萊爾（Charles Baudelaire）而言（他了解真正現代性的祕密要在人為技法〔artifice〕中去找尋）——唯一真正扣人心弦的自然光景是同時能提供最動人的奧祕**和那種奧祕**

的完整擬仿物的景觀。正如在這裡，時間的深度是透過（電影的）景深來呈顯。碑谷是地球的地質學、印地安人的陵墓，與約翰．福特（John Ford）的攝影機。它既是侵蝕，既是殞滅，同時也是鏡頭推移和影音效果。所有這三種東西都被揉雜在我們腦海的沙漠景象中。而每個階段都巧妙地結束了先前的階段。印地安人的滅絕結束了這些風景的自然宇宙論韻律，他們能奇蹟般地生存數千年實在是有賴這些景物的維繫。隨著拓荒者所帶來的文明，原本極端緩慢的進程被一個加速許多的進程所取代。但是在五〇年後，這個進程本身被電影的推移鏡頭所取代。這種鏡頭讓進程更加快速，而且，在一定程度上，藉著讓印地安人復活成為電影配角，而終結了印地安人的消失。因此，這裡的景色見證了所有地質學和人類學的重大事蹟，包含部分最近的事件。所以就有了西部沙漠的獨特景色，結合了最古老的象形文字、最栩栩如生的光線，以及最全面的浮淺性。

那裡的色彩似乎是從實體中稀淡化、抽離出來，繞射進入空氣中，浮動於物體的表面上，因此這些景物讓人同時產生幽靈、鬼怪與朦朧、半透明、寧靜、充滿細微變化的印象。而這種海市蜃樓的效應——也是一種時間的海市蜃樓——接近於全盤的幻覺。岩石、沙地、水晶與仙人掌都屬永恆，但同時也是稍縱即逝、不真實，而且自它們的實體中抽離出來。植物處於最低限度的存在，但是毀滅不了，每逢新春都可見花朵綻放的奇景。相對上，這裡的光線本身卻具有實體性質，它像粉末般飄浮於空中，給所有的色彩添加了粉蠟筆的色調，似乎正就是脫離肉身（désincarnation）——精神自肉體抽離開來——的影像。依此意義，我們可以談到沙漠的抽象，談論一種有機體的解脫、一種超越身體的悲慘轉渡至肉身不存在——轉渡至死亡的乾燥階段、明晰階段，身體到此完全腐爛——的解脫。沙漠超越了這個朽化的可惡階段、這個身體的潮溼階段、這個自然的有機階段。

沙漠是一種拋棄掉所有社會性（socialité）、所有感傷、所有性（sexualité）的雄渾形態。話語，即令所談是沙漠，總是多餘。愛撫沒有意義，除了來自一個自身就是沙漠般的女人，具有即時的、浮淺的動物性，其肉欲結合了乾枯與脫離肉身。但是，從另一個角度來說，從汽車旅館陽臺上的壞朽座椅望去，讓視線越過沙丘，你會覺得沒有什麼可以匹配夜晚降臨死亡谷的寂靜光景。炎熱沒有降臨，只有夜幕降臨，它的黑暗被一些汽車頭燈所穿透。而這股寂靜令人驚懾，彷彿寂靜自己在默默聆聽。那不是寒冷而生的寂靜，也不是光禿無遮的寂靜，也不是缺乏生命的寂靜，它是這整個在我們眼前蔓延數百哩的廣闊礦地上全盤炎熱的寂靜，吹拂於惡水（Badwater）的鹽泥巴、撫慰著電報峰（Telephone Peak）的礦藏之和風的寂靜。一種內在於死亡谷自身的寂靜，地下水侵蝕的寂靜，就在時間的吃水線之下，正如它是在海平面之下一樣。這裡沒有動物活動，沒有動物酣眠，也沒有酣眠時的囈語，每個晚上，大地沉浸到完全靜謐的黑暗中，進入它鹼性妊娠期的幽黯中，進入它誕生之幸福的沮喪中。

在離開聖塔芭芭拉之前好一段時間，我已經活在對它的記憶之中。聖塔芭芭拉簡直就是一個夢境，具有作夢的所有過程：欲望的枯燥乏味的實現、凝縮（condensation）、移轉（translati on）、熟暢（facilité）……所有這些很快地變成非現實。哦，多美好的時光！今天早上有一隻鳥飛來陽臺就死。我替牠拍下照片。但是沒有人對自己的生命漠不關心，即令最微不足道的波折亦有其令人動容之處。早在實際來到此地之前，我就一直想像置身於此。突然間，這次的逗留已變成舊地重遊。過去幾週，由於聖塔芭芭拉本身的致命魅力與它的平板乏味，使人油然而生離開此地卻又每天生活於此的感受，時間因此而拉長數倍，宛若一處永恆重現（éternel retour）的注定位所。

在記憶的後視鏡中，事物愈來愈快地消逝而去。兩個月半的時間就在瞬間渺無蹤影，甚至比你重新調整精神以適應歐洲的生理時差還要快些。欲讓你驚異的讚嘆及感悟鮮活留存心中並非易事，欲留存所歷事物的完整風貌（prégnance）也並非易事。事物稍縱即逝。你多次去看同一部電影是很愜意的習慣，我們逐漸失去那種習慣。我現在很懷疑是否在死亡的那一刻我們真的能看見一生閃光。「永恆回歸」（l'Eternel Retour）的可能性已成不確定：那種不可思議的觀點預設事物在一種必然、注定的秩序中開展，此秩序的意義遠超越事物之上。現今已沒有那樣的東西；事物只是依循一個茫無目的之軟弱秩序而運行。現今的永恆回歸是無限小的、碎形的，是事物在一種顯微鏡的和非人性的尺度中的強迫性重複，那不是一種意志的狂喜，也不是某一事件的終極斷言（affirmation souveraine），更非事件藉著一道不可變的符號——諸如尼采所期待的——而獲得的認可，而是微處理過程的病毒性循環，當然，這是無法避免的，但是符號無法在想像裡呈顯為它該有的樣子。（不管核爆或病毒性的內爆都無法以這種想像來**命名**）。我們周遭的事件都是如此這般：經過微處理過程加工並即刻予以抹除。

加州歸來意謂著再度進入一個你熟悉的生活世界，但卻缺乏了期待回到先前生活的誘惑。你離開那個世界，巴望它在你缺席時會澈底改變，但是期待落空。你不在時，它過得十分平順，而一旦你歸來時，它也順應著你。人事依舊，似乎你未曾離開。於我而言，我離開時既無遺憾，回來時亦無情緒激動。人們對自己小小生命的關注要比對另一個世界的好奇勝過千百倍。那麼，你最好還是謹慎著陸，客客氣氣屏住氣息回到這個世界，同時也把仍然在你記憶中閃爍的一些景致壓抑於心底。

橫在美國與歐洲之間的對立，與其說是一種重歸舊好，不如說是一種扭曲、一種無法彌補的裂痕。在我們之間不只是一道鴻溝，而是一整個現代性的裂痕。美國人生來即處於現代，並不是逐漸才演變成現代。而我們從來與現代無緣。在巴黎，讓你吃驚的是你仍身處於十九世紀。從洛杉磯歸來，你飛回十九世紀。每一個國家都承受一種歷史的宿命，這種宿命幾乎完全地決定了它的特色。對我們來說，是一七八九年的布爾喬亞革命模式——及那種模式的無止境沒落——塑造了我們的風貌。我們無藥可救：這裡的一切皆籠罩在十九世紀的布爾喬亞夢想底下。

硯邦

已實
的
烏托

////////////////////////// L'utopie réalisée

甚至到現在，對歐洲人來說，美國所代表的仍是一處隱蔽的放逐、一處移居和放逐的幻影之地，因此也是一處將歐洲文化內在化之地。同時，美國又有一種暴烈的外向性，也因此相當於這同一種文化的零度。沒有其他國家同時把我們歐洲文化去除形體（désincarnation）的功能，以及惡化（exacerbation）與基進化（radicalisation）的功能，具體呈現到如此的地步……藉著武力行動或戲劇性手段（coup de théâtre）——十七世紀的建基之父們在地理上的放逐，再加上人自我意識的志願放逐——使得在歐洲仍屬批判性和宗教性的祕傳作風

(ésotérisme),到了新大陸就轉變成一種實用的公開傳授精神(exotérisme)。美國的整個根基即是對以下這種雙重演變的一個回應:道德律在個人良心的深化(一種向來是各個教派的烏托邦需求〔exigence utopique〕的基進化)及此烏托邦在工作、習俗與生活方式上的立即體現。甚至在今天,登上美國的土地便是登上那種托克維爾[40]所描述的生活方式的「宗教」。放逐和移居已經具體實現了這個生活方式的物質烏托邦,在這裡,成功和行為被視為是道德律的深奧範例,而就某種意義而言,這些東西已將美國轉化成一個原初景象。對我們歐洲人來說,是一七八九年的法國大革命在我們身上加上了標記,但不是相同的

—

40. Charles Alexis Clérel de Tocqueville,一八〇五—一八五九,法國著名史學家及政治家。

印記：是歷史、國家及意識型態的印記。政治與歷史，而非烏托邦和道德的領域，依然是我們的原初景象。而假若說這個「超越的」歐洲式革命在今天看起來不管是其手段或目的都難以令人予以肯定，美國生活方式的內在革命——長久以來構成新視界感傷的道德和實用主張的內在革命——同樣難以肯定。

美國是現代性的原初版本，我們則是附加了配音或字幕的版本。美國避開起源的問題；它不灌輸起源或傳說的真實性；它沒有過去，也沒有建國的真理。因為對其原始的時間積累一無所知，所以它活在永恆的現實性裡。因為沒有漫漫長達幾世紀積累真理的準則，所以它活在永恆的擬像，在符號的永恆現實性裡。它沒有祖先的領土，印地安人的領土現今被標示在保留區裡，這些保留區和美國專門收藏其重要畫家作品——像是林布蘭與雷諾瓦——的美術館沒有兩樣。但這點並不重要——美國沒有認同問題。未來，權力將屬於那些沒有起源、沒有真實性但知道如何充分利用這種狀況的人。看看日本吧，就某種程度而言，它已經比美國更擅長此道，日本正用一種對我們似乎難以理解的弔詭，設法將領土與封建主義的權力改造為去領域狀態（déterritorialité）和失重狀態（apesanteur）的權力。日本已是地球此顆行星的一顆衛星。但美國也曾是歐洲這顆行星的一顆衛星。不管我們喜不喜歡，未來已朝向人造衛星移動。

美國是已實現的烏托邦。

我們不應該以判斷我們自己古老歐洲國家的危機方式來判斷他們的危機。屬於我們的是歷史的理想面對其不可能實現的危機。屬於他們的則是一個已造就的烏托邦面臨持續的危機。美國人自認處於世界中心，自認是超級強權、可供所有人仿效的絕對模範，對此他們有牧歌式的純樸信念，這並沒有什麼不對。而這種信念與其說是建立在天然資源、科技和武力上，還不如說是建立在一則烏托邦變成現實的神奇前提上，建立在（以我們可能會覺得無法忍受的直接方式）一個實現其他人所夢想的每樣東西——正義、豐饒、法治、富庶、自由——的社會之神奇前提上：它知道這一點，它深信它，結果，其他國家也都相信它。

當前的各種價值危機中，所有人最終都轉向那種，通過戲劇性的非常手段，敢於立刻實現價值的文化，轉向那種，藉助於移民的地理和精神破裂得以想到從頭開始創造一個理想世界的文化——我們絕不能忽視電影對這一切的幻想性祝聖。不管發生什麼事，也不管一般人對美元或跨國企業的妄尊自大有何觀感，正就是這個文化風靡了全球那些受其糟蹋最深的人，而它之所以能如此，都是懷著早已實現所有夢想的深層、瘋狂的信念所致。

但情況並非真的如此瘋狂：所有拓荒社會多多少少都是理想社會。甚至巴拉圭的耶穌會教士。甚至葡萄牙人也在巴西建立了就某方面而言是一個理想的父權與蓄奴社會，雖則不像美國人、盎格魯撒克遜人、清教徒模式，這個南方模式完全不能在現代世界中得到普遍採納。在被輸出、被跨海虛構的同時，理想被清除了它的歷史，並帶著一種新血和實驗性能量具體化、發展起來。這種「新世界」的動力總是可以證明自己比「舊世界」優越：這些其他人只拿來當作終極的、但私下卻認為不可行的目標的理想，他們卻當真來實踐。

在這種意義之下，殖民地化是一個遍及全世界的戲劇性行動，到處留下了深刻、懷舊的痕跡，即令它正在崩塌時亦是如此。對舊世界而言，它代表價值的一種理想化替換的獨特經驗，幾乎就如同你在科幻小說裡所發現的東西一樣（殖民地化常常表現出科幻小說的調性，譬如在美國），這種替換可以一夕間造成這些價值在其起源國家的命運之短路。這些社會在邊陲的出現剝奪了這些具有悠遠歷史的社會的命運。在粗暴地推測它們在海洋彼岸的本質時，歷史悠遠的社會喪失了對自己演變的控制權。它們遭到自己分泌出來的理想模式連根拔除。而且演變再也不會朝積極進步的方向發生。對於那些彼時具有超越性的、已然實現的、投射到現實的以及在現實上（美國）已然崩解的所有價值來說，這價值發生的時刻都不可逆轉。不論未來如何，這就是使我們有別於美國人的東西。我們永遠追不上他們，而且我們永遠不會有他們的天真坦率。我們只是在模擬他們，帶著五十年的落差，戲仿他們，即使只是這樣，也沒有成功。那種或可稱之為文化的零度（le degré zéro d'une culture）、無文化（inculture）的力量之精神或衝動，一直是我們欠缺的。我們多多少少費些心思去適應，但只是徒勞，他們的世界觀總是超出我們所能掌握，正如歐洲先驗的、歷史的世界觀（Weltanschauung）總是超出美國人的理解範圍。正如第三世界國家永遠無法將民主政治的價值和科技的進展深植其社會——關鍵性的鴻溝一直都在，而且無法彌合。

我們將依然是懷舊的空想改革家，煩憂著我們的理想，但終究對實現理想畏惡不前，只會說任何事都有可能，但從來不敢說一切目標皆已達成。而那正是美國敢自詡之處。我們的問題是我們的古老目標——革命、進步、自由——在達成、實現之前，就已經消逝無蹤。這是我們的憂鬱致因。我們不會有運氣可以經歷到這個戲劇性的變化。

我們活在否定性與矛盾裡，他們則活在弔詭中（因為這是一個已實現了的烏托邦，也是一個弔詭的理念）。而且美國生活方式的特質有大部分是在於他們實用、弔詭的幽默感，而我們的生活方式的特色則是（過去是？）在於我們的批判精神之細緻巧妙。儘管許多美國知識分子羨妒我們這一點，而且想要替他們自己重新設立一套理想價值、一套歷史，並且想要再度體驗哲學上的樂趣或舊歐洲的馬克思主義。但是這點處處和他們的原初境況（situation originale）扞格不入，因為美國的（無）文化的魅力與力量正來自這些理想模式在這裡獲得突然且空前的具體實現。

當我看到美國人，特別是美國的知識分子，對歐洲及歐洲的歷史、形上學、烹飪，及它的過去投以懷舊的眼神時，我告訴自己說，這只是一種不快樂的移情作用。歷史與馬克思主義就像是醇酒美食：儘管這些讓它們移植異地的努力，令人動容，但是它們並沒有真正漂洋過海。雙方就此扯平，因為事實上我們歐洲人從未能夠真正地馴服現代性——現代性也一樣拒絕漂洋過海，雖則意義剛好相反。有些產品是無法被輸入或輸出的。那是我們的損失——也是他們的損失。如果說，對我們而言，社會是一朵食蟲花，對他們而言，歷史則是一朵來自外土的花。它的芳香不比加州所產的酒的香醇更令人著迷（現在，人家要我們相信實情剛好相反，但並不是這麼一回事）。

不僅歷史無法被彌補，而且似乎在這個「資本主義的」社會裡，資本亦無法在其當前現實中被真正地掌握。並非是我們的馬克思主義評論家們沒有想辦法去追趕資本，而是它總是領先他們一段距離。到了能夠揭開其一個階段之謎時，資本已然躍上另一階段（曼德爾〔Ernest Mandel〕和他的世界資本主義第三階段）。資本會欺騙人。它並不依批判的規則——真正的歷史規則——來玩遊戲，它躲避辯證，辯證只在事後才來重新組構它，一種遲到的革命。甚至反資本主義的革命只是用來充當它自己的新鮮原動力：它們相當於曼德爾所說的**外因性事件**（exogenous events），像是戰爭或危機，或發現金礦，這些事件讓資本得以在其他基礎上發動新的發展過程。到了最後，這些理論家自己洩露出其抱負的空洞無益。他們以政治經濟學的優先作為基礎，而在每個階段重新發明資本，藉以確認了資本乃是歷史事件的絕對肇端。他們因此直直落入自己的陷阱裡，沒有給自己機會超越它。而這點同時也確保了——或許這正是他們的目標所在——他們事後諸葛的分析持續有效。

美國從來不曾缺少暴力，也不缺少大事件、人民，或理念，但是這些東西本身並不會構成一部歷史。帕茲[41]說得對，美國建立於逃離歷史的希望上，企圖建造一個免受歷史之累的烏托邦，美國在這個目標上獲得了部分成功，而且它今天仍追求著這個目標。歷史作為一種社會和政治之理性的超越，作為一種對各個社會之辨證的、衝突矛盾的看法，這並不是他們擁有的東西，正如現代性——被認為正好是與某一段歷史的原初決裂——永遠不會是我們的一樣。我們已經活在這個現代性的不幸福感中夠久了，對此當然心中有數。歐洲發明了某種類型的封建制度、貴族政治、布爾喬亞、意識型態與革命：這些東西都曾對我們有意義，但是實際上它們在他處並無意義。所有想要模仿這些東西的人，要不是讓自己成為笑柄，就是被戲劇性地誤導（我們正在做的事充其量只是模仿自己，讓這些東西能夠繼續留存）。美國與這些東西決裂，而讓自己處於一種基進的現代性中：因此，現代化的原創地是在美國，不是在他方。我們只能模仿它，卻無法在它原來的地盤上向它挑戰。大事既已發生，就成事實，多言無益。而當我看到歐洲那種不惜任何代價都要得到現代性的眼神時，我告訴自己說，那也是一種不幸福的移情作用。

我們仍然位居中心，不過是在舊世界的中心。那些超越舊世界的邊緣人則成了新的、遠離中心的中心。遠離中心就是他們的出生印記。我們絕無法從他們身上將它搶走。我們也絕無法用同樣的方式讓我們自己偏離中心或驅除中心，因此，若依「現代」這個詞的本義來說，我們絕對不合「現代」，而且我們也絕無可能享有同樣的自由——不是我們視為理所當然的形式上的自由，而

—

41. Octavio Paz，墨西哥詩人，一九九〇年諾貝爾文學獎得主。

是那種在美國各體制機構裡及每個公民的腦袋裡所見到的具體、有彈性、具實用機能、積極的自由。我們對自由的概念絕對無法與他們具有空間性、機動的概念競爭，這點源於這樣的事實：在某個時候，他們把自己從那個歷史中心位置解放了出來。

從那個遠離中心的現代性榮耀地誕生於大西洋彼岸的那一天開始，歐洲開始消失。神話遷移。今天，所有的現代性神話都屬美國人。我們哀傷也沒有用。在洛杉磯，歐洲已經消失了。正如雨蓓（I. Huppert）所說的：「他們什麼都有。他們什麼都不需要。的確，他們既妒忌又仰慕我們的過去及我們的文化，但是在他們的骨子裡，我們只不過是一種優雅的第三世界。」

在政治的領域裡，這種初始的去中心體制可以持續維護聯邦精神（fédéralité），讓中央集權主義無法產生，並且在習俗和文化的層次上，維持權力分散與遠離中心的關係，就像新世界與歐洲的關係。美國沒有無法解決的聯邦問題（當然，他們有自己的南北戰爭，但是我們現在說的是目前的聯邦體制），因為他們從一開始、從他們的歷史拂曉起，就是一個雜處的文化、一個民族與種族混合的文化、敵對競爭與異質性的文化。這種現象在紐約清楚可見，那裡的一棟棟摩天大樓接續地支配著這座城市，而且，每個族群也依自己的方式輪流支配這座城市，然而整體上仍然給人一種不是拼湊雜燴而是匯聚能量的印象；不是一致或多數，而是源於敵對的、不相容力量的強度，如此創造出一種共謀關係、一種集體的魅力，超越了文化或政治，就顯現在生活方式的暴力或平凡庸碌中。

假如我們繼續依此線索來思考，我們可以看出美國與法國之間，在種族、民族的基調上有深遠的差別。在美國，強行揉合歐洲多國，然後再與外來種族雜混，如此產生出一種原初境況。這個多元種族主義改變了這個國家，並賦予它極具特色的複雜性。在法國，既無最初的混合，也無真正的分裂，各族群間亦無任何真正的挑戰。所有發生的事不過是殖民的境況轉回到大都市，脫離了它的原有背景。所有移民到我們國家的人，骨子裡都是哈奇斯[42]，活在壓迫者的社會保護之下，這些移民只能以自身的貧困及事實上的流放與壓迫者抗衡。移民無疑是一個棘手的問題，但是數百萬移民的出現尚未於法國的生活方式打上印記，也沒有改變這個國家的面貌。那就是為什麼當你返回到法國時，特別會感受到令人厭惡的小心眼的種族優越感，所有人都處於一種虛偽、侷促不安的狀態。這是殖民境況的後遺症，殖民者與被殖民者雙方仍無善意。而在美國，每個族群、每個種族都發展出一種語言、一種競爭的文化，有時候優於「當地」（autochtones）文化，而且每個族群都象徵性地相繼占了上風。這不是形式上的平等或自由的問題，而是表現在敵對與競爭中的實際自由，這讓他們具有一種獨特的活潑朝氣，而且各個種族相處時會表現出開放的心胸。

我們歐洲文化是一種下注在普遍概念（l'universel）的文化，而威脅它的危險即在於遭普遍概念毀滅的危機……這還包括市場、貨幣交易或生產貨物等概念的擴大適用，和文化觀念的帝國主義的產生。我們對這種理念要小心，它只在抽象之中被表述才能成為普遍的、完全就像革命的理念，並因此會像革命吞噬它的孩子一樣能吞噬獨特性。

這種追求普遍性（universalité）的主張，其結果是造成往下多樣化和往上組成聯邦的同樣不可行。一旦一個國家或文化已經被集中到一個穩固的歷史進程

—

42. harkis，阿爾及利亞獨立後取得法國公民權的當地穆斯林。

裡，這時若它企圖創造並發展小團體或是融入一個結構緊密的大團體，便會經驗到難以克服的困難……這種集中化過程無法避免。因此，現在意圖找出歐洲的衝勁、文化、動力便有諸多實際的困難。是以無法產生一種聯邦的結局（歐洲）、一種地方性的結局（地方分權〔décentralisation〕）、一種種族或多元種族的結局（混合）。由於過度受我們的歷史所糾纏牽累，我們只能製造出一種不光彩的中央集權（一種《克洛許梅勒》〔*Clochemerle*〕[43]的多元論）與一種不光彩的雜居（我們的柔性的種族優越感）。

已實現的烏托邦原則解釋了美國生活中形上學與想像事物的匱缺與無用。它使美國人對現實的認知與我們有異。在美國，現實並未與不可能的事物扯上關係，而且沒有任何失敗會讓人質疑現實。歐洲人思考的事物在美國變成現實——所有在歐洲消失的東西都再度出現在舊金山！

然而，已實現的烏托邦其實是一個弔詭的理念。若說支配歐洲思維的是否定性、反諷與崇偉，則支配美國思維的是弔詭——一種弔詭的幽默感，表現在對已成就的物質性、永保如新的明確性、對總是令我們驚奇的事實的合法性所具有的清新純真上；這也是一種認定事物皆具天真的可見性的幽默感，而我們總是在似曾相識（déjà-vu）的詭異不安中與歷史的陰鬱超越中演化。

我們責怪美國人既無分析亦無概念化的能力。然而，這種批評並無事實根據。我們老是認為所有事物都是在超越性中達到巔峰，認為所有存在的事物

43. 法國作家謝瓦里耶（Gahriel Cheralliier）一九三六年的作品，為一齣喜劇，諷刺一九二〇年代布爾喬亞的鄉村生活。

都已被賦予概念思維。他們不只不太在乎這種看法，而且觀點正好與此相反：他們的興趣不在於把現實概念化，而是實現概念並具體落實想法：其中當然包含了十八世紀時候的宗教、清晰的道德律則，以及夢想、科學價值、性倒錯。不光如此，也具體落實了自由以及無意識（l'inconscient）。我們對空間與虛構的幻想，還有我們對真誠與美德的幻想，或是我們對技術性（technicité）的妄想——所有大西洋此端的夢想，在彼岸都有美夢成真的機會。他們從理念中建造出現實，而我們則是把現實轉化成理念，或轉化成意識型態。在美國，只有製造或呈現才有意義；而對我們歐洲人而言，則只有思考或隱匿的東西才有意義。甚至唯物論（matérialisme）在歐洲也只是一個理念。而一到了美國，就落實在對事物的技術操作上、把思路落實為生活方式、具體實現在生活的「拍攝」（tournage）上，正如攝影棚中導演喊「開拍！」攝影機就開始拍攝。因為事物的物質性（matérialité）就是他們的電影藝術（cinématographie）。

美國人相信事實（faits），但不相信人造（facticité）。他們並不知道，事實有如該詞所暗示，其實是人造的。就是這種對事實的堅信不移，這種視所做所見為絕對可信，而不在乎所謂的表象或表象的遊戲，就是這種以實用精神視萬事萬物皆為顯而易見的事實——表情不會騙人，行為不會騙人，科學過程不會騙人：無一物會騙人，無一物是曖昧不清（追根究柢，此言屬實：無一物能騙人，世上別無謊言，**只有擬像**，而這正是事實之人造〔la facticité du fait〕）——我們才說美國是真正的烏托邦社會；他們奉「既成事實」為宗教信念，他們的演繹即其天真，而對於事物的邪惡面渾然無知。唯有烏托邦，才會認為在人類秩序中（不管性質為何），事物能如此純真。其他社會都包含著某種異端邪說、某種異議、某種對現實的懷疑、某種對於邪惡意志以及藉由魔法施展那股意志的迷信、某種對於表象力量的深信不疑。這裡則別無異議，別無疑惑。國王衣不蔽體；事實就在我們面前伸手可及。眾所皆知，美國人對黃種人深感懼惑，他們在後者身上感受到一種更高層次的狡詐，一種更高層次的缺乏真實，那使他們震顫不已。

無可否認，此處缺乏社群的反諷性，也不見社會生活的活潑。社交禮儀和社會關係舞臺的內在魅力全面向外轉化為生活與生活方式的販銷。這個社會永無止盡地自我辯護，或持續不休地試圖賦予自身存在的正當性。一切都必須公諸世人：你身價多少、你賺了多少、你如何生活——根本沒有空間讓更微妙的戲碼上演。這個社會的**外觀**（look）就是自我推銷。美國國旗就是最佳證明，無所不在，遍及林野、城鎮、加油站及墓園的墳碑，國旗不是英雄式的記號，而是優良品牌的正字商標。這也是超級成功的國際企業——美國——之商標。這也解釋了為何超度現實主義者能如此天真無邪地彩繪美國，不帶絲毫反諷與爭議（六〇年代的戴恩〔Jim Dine〕），比諸普普藝術（Pop Art）歡欣鼓舞地將消費商品驚人的庸俗移植到畫布上，幾乎相差無幾。此處沒有韓垂克斯（Jimmy Hendricks）對於美國國歌的激昂戲仿。只有對於那些庸俗化事物的淺淡反諷及中性幽默，拖車式活動房屋（mobil-home）與十六呎長看板上的超大漢堡式的幽默，此種通俗且超度的幽默貼切地點出美國的氛圍，這裡的一切事物似乎都對自身的庸俗抱持著某種程度的縱容。但他們對自身的瘋狂也是縱容的。更普遍來看，他們並不聲稱與眾不同；他們本來就與眾不同。他們所擁有的怪誕讓美國的日常世界顯得異乎尋常，此種怪誕並非是超現實的（超現實主義的怪誕在本質上仍屬於美學範疇，因此在靈感來源上也是非常歐洲式的）；不，在這裡，怪誕已變成事物自身。瘋狂，對我們而言是主觀的，在此處卻變成了客觀的存在。反諷，對我們來說屬於主觀思維，在此處也變成客觀的存在。我們儲存於內心及心理機能中那變化多端的幻像（fantasmagorie）及放縱（excés），也都成了事物本身。

不論美國就像其他地方一樣，日常生活包含了多少無聊乏味（ennui）、多少地獄般的單調重複，美國的庸俗永遠比歐洲（尤其是法國）的庸俗有趣千倍。也許是因為這兒的庸俗生自遼闊的幅員、無限延伸的單調，與文化的全然闕如。這裡的庸俗是土生土長的，正如其極端之對比——速度與垂直狀態、幾近放肆的過度、對幾近不道德之價值觀的漠不在乎——也屬美國的原生品種。法國的庸俗則是布爾喬亞日常生活的排泄物，生自貴族文化的結束，隨著十九世紀布爾喬亞的沒落，逐漸蛻化為小布爾喬亞的習氣。這就是問題所在：橫在我們中間的是布爾喬亞的屍體。對我們而言，那個階級是庸俗染色體的帶原者，但美國人卻在展示現實與財富的物質記號時，成功地留住些許幽默。

這也說明了為何歐洲人把一切與統計學有關的經驗都視為悲劇。他們立刻在其中讀到個人的失敗，因而縮起頭來抗拒量化。相反地，美國人視統計學為樂觀的激勵、運氣的面向，也讓他們享受到有機會成為多數一分子的喜悅。美國是唯一能夠不帶愧疚地禮讚「量」的國家。

此地事物在其庸俗中所彰顯的縱容與幽默，也是美國人對待自身與他人之道。他們的知能活動曼妙愉快，是溫柔敦厚的典範。他們從不宣稱擁有我們所謂的才智，他人的才智亦不令其感到威脅。對他們而言，才智只不過是某種特殊的心靈形式，人不應過分耽溺此道。因此，他們不愛否決或爭辯；他們自然的反應是贊同。當我們說：「我同意你的看法。」我們是在為接下來的爭論做準備；當美國人表示同意，那是因為，說實在話，他瞧不出有出言反駁的理由。不過，他時常會以事實、數據或活生生的經歷來佐證你的分析，藉此從實際上剝除掉分析的一切概念性價值。

這種並非缺乏幽默的自我縱容，證明這個社會對自己的財富或權力有信心，這個社會在某種程度上似乎內化了鄂蘭（Hannah Arendt）的論點，鄂蘭認為歐洲的種種革命皆屬失敗，而美國的革命則獲得成功。但即便是成功的革命，也有其受害者與犧牲的象徵。追根究柢，當今雷根的政權是建立於甘迺迪遇刺之上。這樁謀殺案既未洗雪也未獲得澄清，箇中原因就不必說了。至於印地安人的謀殺就更不用提。這些歷史事件的能量依然照耀、環攏著今日的美國。我這樣說，不只想指出美國的寬容，更為了闡明這個社會自我推銷、自我辯護式的暴力，此種揚揚自得的暴力是所有成功革命不可或缺的要素。

托克維爾相當熱切地陳述民主與美國政體的益處，並盛讚美國生活方式的自由自在、社會習俗的安然有序（而非社會地位的平等）、社會之道德體系（而非政治體系）的至高無上。接著，他同樣清楚明澈地描述印地安人的滅絕及黑人的處境，但從未將這兩種現實並置相連。好似善與惡是分開來滋長的。當你敏銳察覺到這兩種層面，你能夠忽略它們之間的關連嗎？當然可以，而我們至今仍面對同樣的弔詭：**崇偉的負面基礎與崇偉本身的關係，是我們永遠無法解開的謎**。美國既強大又具有原創性；美國既充斥暴力又可憎——我們不應試圖抹除任何一面，也沒必要去調解兩者間的衝突。

然而此種弔詭的崇偉——托克維爾所描述的新世界原初境況——終將如何呢？這場美國的「革命」——主要成分為鮮明清晰的個人利益與溫和的集體道德之間的糾葛——終將如何呢？這個問題在歐洲一直未獲解決，也正因如此，整個十九世紀期間，歷史、國家、國家的消失等問題一直爭議不休；這一切美國都尚未經歷過。托克維爾勾勒出的挑戰終將如何呢：一個國家可以把每一個個體的庸俗利益作為基礎來締造國家壯大的約定嗎？一個保有英雄及原創面向的（利益的、權利的、財富的）平等兼庸俗之約，是否真有存在的可能？（若無英雄的一面，社會還能謂之為社會嗎？）簡言之，新世界實現其種種承諾了嗎？它是歡收了自由的甜實，抑或單單積存了平等的一切惡果？

一般人最常把美國強權的榮光歸諸於自由與自由的運作。但自由本身並無法產生力量。自由被視為公眾行為，是一個社會對於自身展望及價值的集體論述，而當個人從社會習俗中解放或社會處於騷鬧不休時（眾所皆知，騷鬧是美國人的主要行為模式之一），自由其實會銷聲匿跡。因此，在強權的創造上，平等及其影響才是更重要的。此處的平等，托克維爾曾以下面的妙語描述過：「我譴責平等，不在於它吸引人們追求禁忌的歡樂，而在於它使人完全沉溺於尋求無禁忌的歡樂。」就是平等，這種地位與價值的現代平等化，特質與個性毫無差異的齊平劃一，才造就了強權。從平等上，我們可重新體現托克維爾的弔詭重現，亦即，美國人的世界同時朝全然的無意義（一切均傾向平等化，因而在彼此的力量中相互抵銷）及全然的原創性邁進——比起一百五十年前，現在這些效果更因版圖擴張而倍增。**一個因平等、庸俗與不在乎差異的發展已無法抑制，而造就的天才世界。**

此種整體的動力論（dynamisme d'ensemble），此種消弭一切歧異的動力，本身就相當令人興奮；用托克維爾的話來說，以人類社會的智性而言，它拋出了一個全新的疑問。更甚者，較之於歐洲社會，美國人在過去兩個世紀中變化之小，是非比尋常的，當歐洲社會纏鬥於十九世紀的革命中時，美國卻八風吹不動——一海之距使它得以保持原貌，一洋之隔創造出一個類似時間孤島的場所——十八世紀人類的烏托邦及道德觀點，甚至十七世紀的清教徒各教派，均移植至這片土地，存活下來，遠離歷史的種種動盪波折。此種清教徒與道德的滯後現象（hystérésie）是屬於流亡的，也是烏托邦式的。我們責怪他們：此地，這個新興國家，這片自由之土，這座資本主義的先進堡壘，為何沒有掀起革命？為何只要事關「社會」與「政治」——我們偏愛的項目——在美國就沒有賣點？答案是，社會與哲學觀念主宰的十九世紀並未橫跨大西洋，此處的生活動力是烏托邦與道德，是幸福與社會習俗的具體理念；但在歐洲，上述種種早已被以馬克思為首的政治意識型態送入墳場，而以歷史變革（transformation historique）的「客觀」概念來取代之。從這種觀點出發，我們指責美國人為歷史上天真、道德上虛偽。但事實很簡單：以集體意識而論，他們更近似於十八世紀的思想模式：烏托邦與實用主義，而非那源自法國大革命的思想模式：意識型態與革命。

為何教派（les sectes）如此強大，動能如此十足？種族、體制、科技的混雜早該使之消失無蹤。但它們卻在這裡，保有活躍的形式，維持了其根源之實際天啟論（l'illuminisme pratique）及道德上的執迷。就某方面而言，教派的微型模式已擴散至全美。打從一開始，教派就在通往已實現的烏托邦之路上扮演主要角色，將其理念付諸行動。他們是烏托邦的子民（天主教會視烏托邦為潛在的異端邪說），致力使上帝的王國降臨人世；而天主教會卻把自己侷限於拯救的希望及三超德[44]。

似乎美國堅守整個教派的命運：所有等待救贖的前景都當下具體化。我們不應被特殊教派的繁衍所蒙蔽：重點在於整個美國皆被包含在宗派的道德體制內，對於賜福的當下需求、其具體效力、強制性的赦免（justification），無疑還包括瘋亂與狂野。

如果美國喪失了這種看待自身的道德觀點，它就會崩潰。這點對歐洲人而言可能不太明顯；在歐洲人眼中，美國是個犬儒的強權，其道德是偽善的意識型態。我們懷疑美國看待自身的道德視野，但在這點上我們確實錯了。當他們

—

44. 即「信」、「望」、「愛」。

正經八百地思忖為何他國人民討厭他們時，我們不該微笑，因為正是這種自我檢討的精神，使得各式各樣的「水門案」得以浮現，使得貪汙與社會缺失得以一再於電影、媒體中不留情面地揭露；這項自由使我們欽羨不已，我們才是真正的偽善社會，公私事務永遠隱藏在祕密、體面及布爾喬亞的矯飾底下。

托克維爾的中心思想是：美國的精神在其生活模式中、在社會習俗的革命中、在道德革命中，均歷歷可見。雖然這無法創造出新的合法地位（légalité）抑或新的國家，但確實創造出一個實際的合法性（légitimité pratique）、一個根植於生活方式的合法性。人們不再向神祇或國家祈求拯救，而是轉向具有理想精神的實際機構。這是否要追溯到新教思想的世俗化？追溯到神的審判權對日常規範的投射？事實上，宗教已然形成日常習俗的一部分，也就是說，人們再也無法挑戰或質疑宗教的根基，因為宗教已不再擁有超越的價值。宗教就是生活方式。同樣地，政治也成為日常習俗的一部分——宛如實用的機器、遊戲、互動、秀場，因此，政治已不再能以特定的政治觀點來評斷。不再有治理的意識型態準則或哲學規範，一切變得更加天真，也更加順應局勢（conjoncturel）。這並不是說策略已不復存，但那只是模式的策略，而非為了達到某種目的。性本身也變為生活習俗的一部分，也就是說，它亦不再擁有超越的價值，既非禁忌，也非分析、享樂或犯罪的準則。它已被「生態學化」、心理學化、世俗化，好應用於一般家庭生活。它已經變成生活方式的一部分。

社會習俗所享有的優勢權威，以及生活方式所具備的霸權地位，在在象徵著法律的抽象普遍讓位給交換的具體調節。法律並非在兩願下成立（consensuelle）：你本就該知法守法。但違背法律也同樣有光彩；歷史同時包容對法律的頌揚，以及對違背法律者的頌揚。相對來說，美國體系中令人驚訝的即是觸犯法律並無光彩，違規或特立獨行亦無榮望。這就是美國著名的循規蹈矩作風，我們視之為社會和政治缺陷的符號。但事實如此，這裡的人民認同具體的規範更甚於抽象的法則；他們更願意採用非抽象的行事方式，而非訴諸形式上的機關。將自己抽離出規範，轉而挑戰某個機制，這究竟有何意義可言？你必須了解美國習俗中這種傳統、實用的團結一致，其根基並非一紙社會契約，而是某種道德契約；與其用任何人都可能置之不理的公路法規來比喻，還不如用高速公路上規範行車的共識來形容。這種循規蹈矩使得美國社會近似於原始社會，在此社會中，若為了使自己在道德上特立獨行而違反集體儀式，實屬荒誕不經。因此，美國的循規蹈矩並非是「天真的」：它來自習俗約定，是一整套規矩與行為模式的產品，而作為功能性的原則來說，這些規則與行為模式預設人們會以幾近自發的態度來遵守。相反來說，主宰我們歐洲人生活的，則是對自身價值體系的違犯，而這種違犯同樣也被儀式化了。

這種「循規蹈距」反映出某種自由：偏見與自以為是的闕如。也許你會推測美國人之所以沒有偏見是因為他們缺乏判斷力。這是不公平的，但話說回來，為何我們不偏好他們輕巧的解方，而執著於自己沉重、自以為是的答案？只需瞧瞧那個在旅館（guest room）工作的女服務生：她**自由自在地**做這份工作，面帶微笑，既無偏見亦不裝腔作勢，好似她就坐在你對面。現實情況並不平等，但她並不自以為處於平等。而平等原本是他們生活方式的一部分。沙特筆下的咖啡館侍者則恰恰相反：他完全與自己的工作現場疏離，唯有訴諸戲劇的後設語言，唯有在姿態中裝出一種他並未擁有的自由及平等，才能在心理上克服這個處境。隱藏在他行為後的是不快樂的知識分子精神（intellectualité malheureuse），在我們的世界，幾乎所有的社會階層對此都能心領神會。在我們的文化，社會習俗中的平等及自由問題既沒有獲得解決，甚至從來沒有被真正討論過，唯有平等在政治或哲學層面的問題曾被提出，這使得我們被禁錮於自身永無止盡的裝腔作勢中。在美國——這是再平常不過的——人們自然而然地遺忘身分地位，以及人際關係的舒坦與自由，會讓你為之驚訝。這種舒坦對我們或嫌平庸粗俗，但它絕不可笑。可笑的是**我們**的作假。

只要看看定居在加州海濱的法國家庭，你就能感受到我們文化那可憎的重量。美國群體維持開放；而一撮法國人聚在一起則立即創造出一個封閉的空間，美國小孩到遠方漫遊，法國小孩徘迴在雙親身旁。美國人掛心的是冰塊與啤酒夠不夠；法國人念茲在茲的是社交禮節是否得宜，是否維持幸福的排場。美國人在各處沙灘上穿梭來去；法國人則駐守著自己那塊小小的沙灘堡壘。法國人在假日時賣力惹人注目，但永遠擺脫不了小布爾喬亞空間的平庸。而你愛怎麼說美國人都可以，但他們既非平庸也絕不屬於小布爾喬亞。他們當然缺乏貴族的優雅，但擁有一種來自空間的舒坦，此種舒坦為向來擁有寬闊空間的人所有，足以彌補禮儀或高貴出身之闕如。擁有空間賜與的行動自由，輕易地彌補了其特質與人格的平板。粗俗但輕鬆。我們所擁有的是擁擠的文化，產生禮節與做作；他們所擁有的則是遼闊空間的民主文化。我們的自由表現在精神，但他們的自由則在行動。美國人在沙漠或國家公園穿梭，並不會給人度假的印象。穿梭來去是它的自然使命，自然是邊域，是行動的場所。這裡絕無填占我們空間時間的慵懶無力的浪漫主義與高盧羅馬人（gallo-romaine）的寧靜。絕無法國人民陣線（Front Populaire）所創造的那種假日標記：那種從國家奪取而來的閒暇充滿了令人沮喪的氛圍，不但要帶著小老百姓的心情來度過它，還得努力裝作得之不易的模樣。這樣的自由沒有靜態或負面的定義，其定義是屬於空間及動態的。

這一切的重要教訓在於，自由與平等，如同舒坦及優雅一般，只會出現在打從初始便存在的地方。這是民主所帶給我們的驚奇：平等是來自肇始，而非見於終了。這就是民主與平等主義（égalitarisme）之間的差別：民主預設起跑點的平等，平等主義則預設終點的平等。**民主要求每位公民都能平等地**開始**比**

賽。平等主義堅持所有公民的結局**必須平等**。

然而，隨著評判他人及社會偏見等執念被撇於後方之際，容忍度增高了，但冷漠也日益普遍。美國人不再追尋別人的目光，最終卻變成看不到彼此。所以人們在街上無視旁人地來去，這也許形似謹慎且禮貌，同時也是冷漠的標記。至少這冷漠並非做作。它同時是一種特質與一種特質的缺乏。

當我提及美國的「生活方式」，我是要強調其烏托邦、其**神話般**的平庸、其夢幻特質及其崇偉。該種哲學在美國根深柢固，不只見於科技發展，更可見於在過度的科技競賽中的不斷超越（outrepassement），不只見於現代性，更可見於現代形式的過度（不論是紐約的垂直網絡，抑或洛杉磯的水平網絡），不僅見於平庸，更可見於平庸的啟示錄形式，不僅見於日常生活的現實，更可見於此種具備所有虛構特質的生活的超度現實。吸引人的就是這種虛構的特質。

然而，虛構並非想像。虛構將想像化為現實，藉此來預先支用現實。這與我們的意念相反：我們想像現實，藉此來預先支用現實，或是將現實理想化，藉此來逃避現實。這也是為什麼我們永遠不能坐擁真正的虛構；我們注定陷於想像與對未來的鄉愁。美國的生活方式則自發地充滿虛構，因為它是在現實中對想像的超越。

虛構亦非抽象，如果美國在遭逢抽象時為某種無力感所苦，則不論是在美國中層社會的野性現實，或在對日常生活的高度禮讚（apothéose），還是在那使我們如此驚訝的經驗論的才華中，這種無力感都具有一種光輝的形式。也許這項成功的革命根本不再是托克維爾理解中的那種——他視該革命為公眾心聲的自發運動，社會習俗由此轉化為現代價值的一種自發且具體的配合形式。要想尋覓美國現實的光輝形式，與其著眼於機構的運作，還不如轉向科技與形象的解放：轉向形象之非道德的動力、商品與服務的氾濫、權力與無用能源的充斥（然而有誰能明辨有用能源與無用能源的分際？）；這其中推銷的精神遠比托克維爾所謂的公眾精神來得重要。但以上種種畢竟是其解放的軌跡，而美國社會最猥褻之處即為其解放標籤。這是一切**效應**的解放，包括某些非常過度且卑劣的部分，但這正是要點所在：要尋找解放的最高點及其邏輯的結果，請從蔚為奇觀的氾濫、速度、變動的迅捷、整體怪誕行為的普遍化中著手。政治在秀場中、在不惜任何代價的推銷效應中**解放**，性在一切性異常及倒錯中解放（包括向性說不的最新風尚，其本身只不過是性解放的急凍效應）；習俗、規範、身體、語言在變換快速的潮流中解放。所謂被解放的人，並非在他理想的現實中、他的內在真實中、他的坦率直言中獲得解放；所謂解放乃是改變空間，悠遊自在，他根據潮流**而非道德**來更改性別、服裝及習慣，意見從眾，隨之起舞，把良心的召喚擺在一邊。這種解放是實際的，不管我們喜不喜歡，不管我們是否惋嘆其浪費與猥褻。再者，正如「極權」國家的人民心知肚明的，要說這種解放是真正的自由，那也只是令他們夢到流行、最新款式、偶像、影像遊戲、為散布而散布、消費資訊、廣告的氾濫罷了。一言以蔽之，氾濫。如今，你必須承認美國已經具體地從科技上達成解放的氾濫，達成無所差別、斷離、展示與流通的氾濫。我不知道托克維爾口中的成功革命——這場為政治自由與公眾精神品質（關於此點，今日的美國既是最好也是最壞）而起的革命——究竟留下了什麼？但他們絕對完成了**這場革命**，反觀我們，不但歷史革命及抽象革命沒有成功，連革命本身也逐漸流失。我們身不由己地吞下現代性與生活模式革命的邏輯後果，直到它們過度，並且在傾慕與憎惡的交雜情緒中，服下順勢療法劑量的苦藥。在歐洲的我們於差異崇拜的窠臼中舉步維艱，這使得我們在邁向基進的現代性時備受阻礙，因為基進現代性的基礎就是差異的闕如。我們是在心不甘情不願的狀況中接受現代性並且不再執著於差異，所以我們的現代性才會如此缺乏光采，所以我們的所作所為才會缺少現代精神。我們甚至缺乏現代性的**邪惡天賦**，唯有此種天賦才能將創新推至超乎常理（extravagance），進而重新發現某種幻像般的自由。

任何在歐洲曾以革命與恐怖之名英雄式地搬演和毀滅的事物，在大西洋彼岸（財富的、權利的、自由的、社會契約的與再現的烏托邦）都以最簡單、最經驗論的形式獲得實現。同樣地，我們在反文化、意義的顛覆、理性的毀滅、再現的終結等反烏托邦的基進名義下所夢想的一切，都在美國以最簡單、最基進的形式獲得實現（反烏托邦在歐洲引發許多理論與政治、美學與社會的騷動，卻沒有真正化為現實——一九六八年的五月事件即是最近的事例之一）。**烏托邦已在此實現，反烏托邦則正在實現中**：非理性、去疆域化（déterritorialisation）、語言與主體的含糊不定、一切價值的中立、文化的死亡。美國以經驗論及粗暴的方式，將上述一切化為現實。我們只會夢想，並偶爾將它付諸行動——美國則恰成對比，他們從一切可感知的事物求出邏輯且實用的結果。從這點來看，美國既天真且原始；它既不懂概念的反諷，也不懂誘惑的反諷，它也不嘲諷未來或命運，只一味地把理念轉化為具體的現實。相對於我們烏托邦式的基進，美國則是經驗論的基進，也唯有我們這種基進與美國那種戲劇性的形式旗鼓相當。我們從哲學上思索眾多事物的終結，但在此處它們實際走上了結局。舉例來說，在這兒，領土的分野不復存在（而只有空間的遼闊），在這兒，真實界與想像界步上終結（一切空間因而均對擬像開放）。因此，我們應該從這裡找尋我們文化終結的理想模式。我們視美國生活方式為天真或文化上不值一顧，但它將展示出我們價值終結的完整細貌（對此我們只能徒然預言而已）——以一種賦予它烏托邦的地理及精神向度的規模來展示。

但已實現的烏托邦是否真是這種模樣？這是一場成功的革命嗎？當然是！你以為「成功的」革命該是怎生模樣？它就是樂園。聖塔芭芭拉是樂園，迪士尼是樂園，美國是樂園。樂園就是樂園，就算悲傷、單調及庸淺。但這就是樂園。不會再有別的。如果你準備好接受夢想的後果——不只是政治與感情的後果，還包括理論與文化的後果——你就必須以發現新世界那一代人的天真熱情來看待今日的美國。美國人對自身的成功、野蠻與權力亦秉持著同樣一股熱情。不然，你就什麼都不懂，而且也將無法了解自身的歷史，或是自身歷史的終結。因為歐洲無法從自身來了解歐洲。美國則是更加神祕：**美國現實的神祕**超出我們的虛構及詮釋範圍。一個社會的神祕從不尋求賦予自身意義或身分，既不沉溺於超越性也不沉醉於美學，**也正因如此**，它透過建築物創建了絕無僅有、崇偉的現代垂直景觀——它的建築物是垂直秩序最誇耀的展示，卻不遵守超越性的規則，是最奇偉的建築，卻不依循美學的法則，既是超現代、超功能性，卻也擁有某種非思辨、原始、野性的特質——這類文化（抑或非文化）對我們而言始終是神祕的。

內向性、反省、概念陰影下的意義效應，這一切我們都了然於心。從其概念脫離出來的物件可以自由地向外伸展，在它一切效果的等價物中發展起來，這些對我們是一團謎。外向性對我們而言是神祕的，恰恰正如商品對馬克思而言也是一團謎：商品這種現代世界的象形文字，恰因它具有外向性而顯得神祕——它是一種在其純粹的運作與流通間實現自己的形式。（哈囉卡爾！）

在這種意義之下，整個美國對我們而言是一片沙漠。這裡的文化處於野性的狀態：在直接轉譯到現實界的過程中，它犧牲了一切智識、一切美學。無疑地，就在向開發處女地原初偏移之際，其文化就從這裡得了野性，雖然此舉顯然並未徵得被滅種的印地安人同意。亡故的印地安人始終是這些原始機制的神祕守護人，即使進入影像與科技的現代性中亦然。美國人相信自己摧毀了印地安人，也許只不過傳布了他們的怨恨。美國人開發沙漠，使高速公路交織其上，但由於某種神祕的交互作用，他們的城市反而擁有沙漠的構造及色彩。他們並沒有摧毀空間；他們只不過摧毀了空間的中心，使空間變得無止無盡（因此才會有這些可無限延伸的城市）。這樣一來，他們打開了一個虛構的真實空間。在這種「野性思維」（pensée sauvage）中，沒有自然的宇宙，沒有人的，也沒有自然的，更沒有歷史的超越，文化是一切，或什麼也不是，端賴你如何看待。在現代擬像的極致中，同樣存在這種模糊。那裡也沒有自然的宇宙，你無法區分沙漠與都會的差別。印地安人並非無限接近自然，美國人也並非無限遠離自然：兩者同屬於自然的理想性（idéalité），同屬於文化的理想性，彼此也同樣的疏離。

這裡沒有文化，沒有文化的論述。沒有內閣，沒有委員會，沒有津貼，沒有晉升。這裡沒有法國全體沉溺其中的那種病態的文化悲愴，那種對文化遺產的拜物主義，亦無我們對文化的那種感傷的召魂（如今更是統計學式與保護主義式的）。波堡[45]不可能在此出現，一如它也不可能出現在義大利（理由不同）。不僅中心化不存在，連精心培育文化這種想法也不曾出現，更別提神學的、神聖的宗教了。沒有文化的文化，沒有宗教的宗教。我們或應稱之為「人類學的」文化，其主要構成物為習俗與生活方式的創建。這是美國唯一有趣的文化，就好比說，在紐約，有趣的是街道，而非博物館或畫廊。即使是舞蹈、電影、小說、故事、建築，其中特屬於美國的事物都帶有某種野性，此種野性尚未沾染歐洲布爾喬亞文化裡誇耀造作的修辭與作戲，亦尚未穿上文化尊榮的

—

45. 位於巴黎市區，即「龐畢度藝術與文化中心」所在地。

絢麗外衣。

在美國，文化並非可口的萬靈丹——我們歐洲人都當它是治療心靈精神的良藥，具有神聖性，它有權占有報紙的特有專欄，在人心精神上亦如是。此處，文化是空間、速度、電影、科技。這種文化是真實的——如果真有所謂真實之物。這些電影、速度、科技並不是附件（在歐洲無論何處，你會覺得現代性好似某種夾帶的、異種的、時空錯置的東西）。在美國，電影之所以真實，是因為整個空間、整個生活方式都已經電影化了。生活與電影之間的鴻溝、令我們哀悼不已的抽象關係並不存在：生活即是電影。

這也是為什麼在我看來，到這裡找尋藝術作品或高水準的娛樂，顯得既麻煩又不合時宜。這是文化優越感的標記。如果美國原本就缺乏文化，那麼，這種無文化本身就是該認清的事實。如果品味這兩個字有任何意義，那就是要求我們別把自身的美學要求強行出口到民情不符之地。美國人將我們羅曼風格的迴廊（cloître）變為紐約的修道院博物館（The Cloisters），我們會覺得此舉不可原諒、荒謬萬分。我們別依樣畫葫蘆，把自己的文化價值移植到美國。我們無權製造這種混亂。就某方面來說，美國這樣做是因為他們有的是空間，而且他們的空間是所有其他空間的折射。蓋提（Paul Getty）在馬里布太平洋岸邊一幢龐貝風格的別墅中，把林布蘭畫作、印象派作品及希臘雕像聚集在一塊兒，他遵循的是美國邏輯，亦即迪士尼樂園純粹的巴洛克邏輯，他正在步向原創，這是犬儒主義、天真、媚俗、非刻意的幽默——某種因無意義（non-sens）而令人驚異之物——的絢麗出擊。如今，令人心醉神迷的是，美學與高尚價值在媚俗與超度現實中的消失，這就好比歷史與真實界在影像視界絕跡一樣。這是種不按常規的實用價值觀，其中應能找到不少樂趣。若你只專注於尋找心目中的博物館，你將遺漏了重點所在（也正是「非」重點所在）。

電視影片中插播的廣告確實有傷風化，但這些廣告適時地強調：大多數的電視節目甚至從未到達「美學的」層次，基本上與廣告屬於同一水平。大多數的影片——不是比較差的那些——均取材自相同的日常生活羅曼史：汽車、電話、心理學、化妝品，它們純然只是生活方式的寫照。廣告的所作所為同出一轍：它透過影像使生活方式規格化，是名副其實的積體電路。而且，若電視上的一切毫無例外均為低卡路里食品，甚至無卡路里，那麼抱怨廣告又有什麼用呢？透過無效的廣告，至少讓周遭的節目顯得文化層次較高。

平庸、沒文化與鄙俗的意涵，在這裡與在歐洲，完全不同。那難道不是歐洲人某種瘋狂的念頭，對於一種不真實的美國的幻想？也許美國人就是非常鄙俗，而這種後設鄙俗只不過是我作夢夢到的東西。**誰敢確定呢**？但我還是想將這有名的賭注換個詞：如果我錯了，你沒什麼損失；如果我對了，一切歸你。事實擺在眼前：在我們歐洲人眼中，平庸、鄙俗似乎都是不能接受的，而一旦到了這兒，平庸與鄙俗就顯得不只可以接受，甚至令人心醉神迷。事實是，我們所有依據異化、因襲守舊、標準化與非人化這些術語所做的分析已自行崩解：當我們注視著美國時，顯得鄙俗的反而是分析本身。

下面這段文章（法耶〔G. Faye〕所寫）為何既真實也虛假？「加州成為我們這個時代的整體神話……多種族主義、霸權主義的科技、心理或精神的自戀、都會犯罪、視聽的浸淫：身為美國的超級之州，加州就是真實歐洲的絕對對反……從好萊塢到迪斯可，從《外星人》（*E.T.*）到《星際大戰》（*la Guerre des Etoiles*），從校園裡假反叛的騷動到薩根[46]的妄想，從矽谷的新諾斯替教派

46. Carl Sagan，一九三四—一九九六，美國知名天文學家及作家，著有《伊甸園之龍》（*The Dragons of Eden*）、《接觸未來》（*Contact*）等書。

信徒（néo-gnostique）到乘風帆衝浪（wind-surf）的神祕主義者，從新印度教宗師到有氧運動，從慢跑到作為一種民主形式的精神分析，從作為一種精神分析形式的犯罪到作為專制工具的電視，加州儼然成為擬仿物與不真實事物（l'inauthentique）的世界中心，宛如**冷酷的**史達林主義的絕對合成物。一塊**歇斯底里**（hystérique）之地，無根者的聚集地，加州係非歷史（non-histoire）之地、非事件（non-événement）之地，也是時尚群集及應接不暇的震盪之地，亦即撼動了保守之氣——那種糾纏著加州的震盪，起於無時無刻不受到地震的威脅。

「加州沒有創造任何一物：一切全取自於歐洲，將之變形，剝除其意義，為迪士尼樂園鍍金抹粉。甜蜜瘋狂的世界中心，我等排泄物與衰頹的一面明鏡，加州『熱』，美國主義最炙手可熱的變形，正風靡著當代的青年人，以愛滋病的心理形式出現……相對於歐洲人的革命焦慮，加州展現出一長列虛假的面向：在儀式闕如的校園裡戲仿知識，在洛杉磯缺乏計畫的擴展中戲仿城市與都會主義，在矽谷戲仿科技，用沙加緬度[47]微溫的葡萄酒戲仿葡萄酒工藝學，藉印度教宗師與教派來戲仿宗教，在海灘男孩身上戲仿情色，藉著迷幻藥（？）來戲仿藥物，藉著「社區」來戲仿社交（communities）……甚至連加州的自然環境也是對古代地中海景致的好萊塢式戲仿：過於蔚藍（？）的海洋，過於荒涼的山巒，過於溫和或乾燥的氣候，一個被諸神遺棄、無人居住、失去魔力的自然：一處畸惡之地，照耀在過於燦爛的陽光之下；宛若我們的死亡那張全無

47. 位於加州中部，為該州首府。

表情的臉——因為歐洲人向來巴望著在日晒下微笑而死，斷氣時微烤過的皮膚還坦露在假日陽光下。」

以上所言，全屬真實（隨君認定），因為該文本身就是強加在加州身上的一種歐斯底里的刻板形象。而且從法耶的文章裡，很容易就能覺察出他對於所述對象懷有某種程度的著迷。不過，如果我們能精確地使用相同的詞語，就能準確描述他所言的反面，而這剛好是法耶無能操作的反轉。他還不知道，在他所描繪的極度無意義上，在此無意義之「甜蜜的瘋狂」中，在這柔軟、充滿空調的地獄裡，事物如何化為全然顛倒。他還未能掌握此「邊緣性超越」（transcendance marginale）的挑戰，整個宇宙就在這裡與其邊緣、其「歐斯底里的」擬像對抗——為何不呢？洛杉磯為何不能是城市的戲仿？矽谷為何不能是科技的戲仿？為何不能有社交、情欲、毒品的戲仿，甚至海洋（過於蔚藍！）與陽光（過於燦爛！）的戲仿？更別提博物館與文化了。這一切當然都是戲仿！如果這些價值無法承受戲仿，便意味著它們不再有任何重要性。是的，加州（加上美國）是照出**我**等衰頹的一面明鏡，但它一點也無衰頹之跡象。它具有超度現實的活力，它擁有擬仿物的一切能量。「它乃非真實事物的世界中心。」當然如此：就是它造就了自身的原創力與權力。在這裡，你毫不費力即可察覺到擬仿物無可抗拒的崛起。但他是否從未來過呢？如果他有，他就會知道歐洲的關鍵不在其過往歷史中，而是在這瘋狂的、戲仿的先進之地，亦即新世界。他不了解，就算美國每一細節均屬齷齪下流或毫無意義，其整體卻超越我等的想像——同樣地，他所描述的每一細節也許都正確，但整體而言卻愚笨得無以復加。

美國的創新之處在於第一層面（原始及野蠻的）與「第三類型」（絕對的擬仿物）的衝突。它沒有第二層面。這種狀況讓我們感覺很難掌握，因為第二層面（自我反思、心理雙重性〔dédoublement〕、不快樂意識）是我們向來引以為傲的。然而，我們必須將自己的價值觀倒轉過來，才能合理看待美國：這裡真實的是迪士尼樂園！電影與電視才是美國的現實！高速公路、塞夫韋連鎖超市、摩天大樓天際相連的輪廓、速度、沙漠——這些才是美國，而不是什麼博物館、教堂、文化……讓我們給予這個國家應有的讚美，並張開雙眼，審視我們自己的習俗中若干荒謬之處，此即為旅行的好處與娛悅之處。想要觀察並感覺美國，你起碼必須有一片刻，在某處市街鬧區叢林、在彩色沙漠（Painted Desert）[48]，或者在高速公路的轉彎處，感覺到歐洲已然消失。你必須自忖，哪怕短暫片刻，「怎麼會有歐洲人存在呢？」

—

48. 在亞利桑那州中北部，岩石色彩因含鐵質而呈紅色，宛如塗過紅漆而得名。

的？

強權終結

////////////////////// La fin de la puissance?

五〇年代是美國國力的真正巔峰（「是時，事情正在進行中」），而且你總是可以感覺得到對那個年代的懷舊：對權力的忘形狂喜，依恃權力來維持權力。在七〇年代，強權依舊在，只是魔力已破滅。那是個放蕩狂歡的時代（戰爭、性、曼森、胡士托）。現在，放蕩狂歡已成過去。就像所有其他國家一樣，美國現今也必須面對一種孱弱的世界秩序、一種孱弱的處境。強權已成強弩之末。

但是，若說美國如今已不再獨占世界強權的中心，這並非因為它已經失去強勢，而只是因為不再有任何的中心了。更確切地說，美國已經變成讓所有人參照的想像強權的勢力範圍。從競爭、霸權與「帝國主義」的角度來看，它當然已經失去優勢，但是從指數方面來看，它早就是贏家：看看美元令人無法理解的上揚吧，這與經濟霸權無關，卻更加令人懾服，看看紐約的傳奇性神化（assomption）吧，還有，甚至——當然這也算——《朱門恩怨》（*Dallas*）電視影集的轟動全世界。美國仍然是強權——政治上和文化上的強權，只是現在的強勢是作為一種特殊效果的強勢。

整個美國已經依照雷根的形象變成加州一般的存在。當過演員與加州州長的雷根，已經把美國西部人造天堂具有的電影般、安樂的、外向性格的、廣告性質的景象擴展到全美。他設置了一套以安逸幸福生活作為要挾的施政風格，倡言恢復在美國早就成真的烏托邦的原初協定。因為，托克維爾所描述的理想結合似乎已經鬆解：要是美國人仍具有一種對個人利益的敏銳感，那麼他們似乎不用為自己的行為舉止保留一份集體的意義感了。因此實際的危機就來了，這危機既深固又真實，而且很可能引致恢復一種集體理念，一套自發般的指導行為，且呈現出宛若各式各樣的力量湊合的理想性結果的價值。這是雷根以幻境手法恢復美國的原初景象的成功。「美國又回來了。」因越戰而國勢衰弱，對他們來說，就像連環漫畫裡面的小綠人侵入一樣，令人無法理解，而且，不巧的是，他們看待這場戰爭就像是觀賞連環漫畫一般，在遙遠的一端看著它，好像是一場電視上的戰爭，無法了解到來自世界各地的公憤與譴責，而只看到自己的敵人，因為他們自認為是已實現的善良烏托邦，而作為已實現的邪惡烏托邦的共產主義，則已經來到這個安逸幸福的生活蔭影下尋求庇護，屈服於此種生活幻相中。這完完全全是加州式的東西，因為事實上加州並非總是晴陽高照，洛杉磯常常是陽光中帶霧或是濃霾滿天。不過，你對這地方留著陽光普照的記憶，一道陽光燦爛的銀幕記憶。這就是雷根式的海市蜃樓。

和其他國家的人民一樣，對於是否該相信國家領導人的素質，或甚至相信權力的現實這些問題，美國人並不熱中思考。他們會覺得這類問題太棘手。因此寧可表現出信任那些政治人物，只要那些人珍惜他們的信任。現今，統治意指給予人民願意接受的可靠符號。統治像在做廣告，而且效果也一樣——依附一齣腳本，不管是政治的或廣告的腳本。雷根的腳本是兩者兼具，而且是個成功的腳本。

一切事物都像是列在電影的片頭字幕中一般。社會已經很明顯地被同化成一個企業體，每樣事物都在表演的劇情大綱與企業體的行事表中，領導者必須製造出一切具有廣告特質（look）的符號。最輕微的缺失亦無可原諒，因為整體國力會因此缺失而衰退。甚至疾病亦可以變成廣告符號的一部分，如雷根的癌症即是。相對地，政治上的弱點或愚蠢反而無關緊要。人民只靠形象來做判斷。

這種擬像的共識絕非一般人所想像的那般脆弱，因為它很少遭受政治現實的檢驗。所有現代的政府都藉由廣告宣傳來調節民意，以獲得政治上的後設安定（métastabilité politique）。缺失、醜聞與犯錯都不再會釀成大禍。關鍵在於讓它們顯得可信，讓民眾感受到政府在那方面的努力。政府的「廣告」豁免權類似於一些大牌洗衣粉的廣告豁免權。

各國政治領導者所犯的錯誤多不勝數，在其他時候，這些錯誤會加速他們的敗亡，可是在一個以政府的擬像及無所謂的態度所達成的共識來運作的體制中，卻能輕鬆地就緒。民眾不再對他們的領導者感到自傲，而這些領導者也不再對他們的決策自豪。只要稍稍粉飾即足以恢復對廣告的信心。譬如，在派駐黎巴嫩的三百人死亡後，便出兵格瑞納達[49]。無風險的腳本、精打細算的製作、假造的事件，保證成功。而這兩起事件——黎巴嫩及格瑞納達——都可以佐證相同的政治非現實（irréalité politique）：前者是恐怖分子的活動，完全無法掌控；後者則完全出於揑造，受到過分操控。就統治的藝術來說，兩者皆無意義。兩者同樣空茫，而這空茫就是今日的政治場景。

在嶄新的雷根世代，也有同樣的自我宣傳，同樣的追求可靠性，同樣的崇拜電影卡司。生氣蓬勃和安逸舒坦——也許更應該說是令人生氣蓬勃和令人

49. 加勒比海東部島國，一九八三年發生政變時，美國曾出兵干預。

安逸舒坦。他們既不把幸福視作一種新理念，也不把成功視作一種強迫觀念，因為他們已經擁有這些東西。他們不再是幸福與成功的鬥士，而是其同情支持者。這一代人是六〇年代與七〇年代的產物，但已去除了對那些狂飆年代的所有懷舊、所有內疚與自責，甚至所有的潛意識。這好像是藉由整形手術來切除掉社會邊緣性的最後痕跡：新的臉孔、新的指甲、有光澤的神經元，以及一堆雜亂的軟體。這一代既不受雄心抱負所激勵，也不受壓抑的能量點燃熱情，只是完全沉浸在對自己的關注，其對事業之熱愛，與其說是為了利益或聲望，不如說是將它當成一種表演、一種科技的示範。它們盤旋於媒體、廣告宣傳與資訊處理。他們不是商場的怪物，而是演藝界的步兵，因為商業本身已經變成演藝界。**乾淨與完美**。雅痞。這個稱號本身也打響了他們對重新適應社會的欣然態度。拿他們與上一代相比，並沒有什麼令人痛心的改變，只是一種切除、一種失憶症、一種赦免——緊隨一個太劇烈的事件而來的稍稍不真實的遺忘過程。雅痞不是反叛的變節者，他們是一個新的種族，滿懷自信、受到赦免、洗刷脫罪，優游於技藝表現，精神上對任何事物皆漠不關心，除了與變化和廣告促銷有關者（什麼東西都促銷：產品、人、研究、職業經歷、生活方式！）。我們原本會期待六〇與七〇年代的狂歡放蕩會產生出有動力的、從迷惘中醒悟過來的菁英分子，但是情況並非如此：這些菁英分子，至少在他們的自我宣傳中，期許自我活力滿滿，並且迷人大方。他們的魅力是以溫和的形式來呈現：他們勇猛前進，但是並不耽溺；不管在商業上、政治上，或資訊處理上，他們都表現得再安逸不過了。他們的口號可能是：

錢花了就沒了！（YOU CAN'T HAVE YOUR MONEY AND SPEND IT TOO!）

蛋糕吃了就沒了！（YOU CAN'T HAVE YOUR CAKE AND EAT IT TOO!）

你別想一面舔著老婆一面幹她！（YOU CAN'T EAT YOUR WIFE AND FUCK IT TOO!）

你別想混吃等死還想過日子！（YOU CAN'T LIVE AND HAVE YOUR LIVING TOO!）

但是這種閒散的生活卻變成不知同情為何物。它的邏輯是一種無情的邏輯。假如烏托邦已經實現，那麼，不幸是不存在的，窮人不再可信。假如美國已經復興，那麼，對印地安人的大屠殺就不會發生，越戰也一樣。因為和美國西部的富有牧場主人及製造廠商交往頻頻，雷根對窮人及其存在一無所知，也從不曾和他們接觸。他只知道財富的不證自明、權力的套套邏輯，他把這兩者擴大到全國，甚至全世界的規模。窮人活該遭到忘卻、遺棄，遭到無聲無響消失的命運。這是**必須退場**（must exit）的邏輯。**窮人必須退場**。（Poor people must exit.）這道以財富和效率之名發出的最後通牒將他們從地圖上抹除。該當如此，因為他們品味不佳，不遵守大家的共識。

長久以來，我們一直試圖舒緩貧窮的現象，並且通過社會救助將問題控制在一定範圍內，卻因為沒來由的政策轉彎或者總統下令，戛然而止。這就宛若最後審判已經發生。善人被裁定為善人，其他人則遭到流放。不再有善意，不再內疚。關於第三世界的陰暗記憶全遭抹除。它的作用只是讓富人內疚，因之所有拯救第三世界的努力都注定要失敗。這一切都已結束。第四世界萬歲，你可以對這個世界說：「烏托邦已經實現。假如你不屬於其中，就消失吧！」不再有權利浮現的人，**被撤銷了參政權的人**（disenfranchised），喪失發言權，注定被忘卻、被驅逐，注定死於二流的死亡。

撤銷參政權（Disenfranchising）。

你逐步喪失你的權利，首先是你的工作，然後是你的汽車。而當你的駕駛執照也被吊銷了，你的身分也就沒有了。大片的人民正落入被遺忘、完全被拋棄的境遇。賦予參政權是歷史上的一件大事：指的是農奴與奴隸的解放、第三世界脫離殖民地的境況，而在我們的社會中，指的就是各式各樣的社會、政治權利的取得；工作、投票、性，以及女性、囚犯與同性戀者的權利——現今爭取這些權利的運動到處獲勝。人權四處傳出捷報。很有可能整個世界都會獲得解放；人類幾乎不再有什麼奮鬥目標了。然而也就在同時，所有的社會群體（個人亦如此）都從其內部開始沙漠化。社會已經將他們忘卻，而它們也正在自我遺忘。他們遭到除名，注定被塗銷，被歸類到應予以消滅的統計圖表名單中。這是第四世界。我們現代社會的各個領域、第三世界的所有國家，現在都淪落到這個第四世界的沙漠地帶。但是第三世界仍然具有一種政治意義（即令它是世界性的大失敗），而第四世界卻沒有。它是超越政治的。**這是我們這些社會對政治漠不關心的結果**，**我們這些先進社會對社會漠不關心的結果**，對大眾傳播社會施予驅逐之懲罰的結果。而且，這真的是舉世皆然，只可與數千噸的咖啡被放到火車頭裡燃燒，以維持其世界價格平穩的做法相比擬。或是像那些在原始部落中被認為是多餘的成員，由先知帶領，像旅鼠一般，迷途於大洋中，然後消失。政府的政策本身變成負面性的。不再以社會參與、融合，創造新的權利為目標。在社會化與參與的表面背後，它們其實是在進行去除社會化、剝奪權利與驅逐的動作。社會秩序緊縮到只包含經濟交易、科技、頂尖優秀的群體，當它強化了這些個別領域，全體的大領域就遭到了解除強化，變成了保留區，或甚至連保留區也不如：淪為給新貧階級的垃圾場、荒地、新沙漠，就像你所見的圍繞核能電廠或高速公路周遭而形成的沙漠。沒有人會想拯救他們，而且恐怕也無能為力，因為賦予參政權、解放與擴張都已發生。因此，這裡已沒有什麼因素可以驅動一場未來的革命，我們所見的乃是一場權力的放蕩狂歡之後無可避免的結局，以及世界在連續擴張下，導致了無法逆轉的積聚。剩下的唯一問題是：有愈來愈多的人，其權利遭到剝奪（在雷根和佘契爾夫人的統治下，這種情況變得極為惡化），這會帶來什麼樣的後果？

我們會質疑雷根的聲望。但我們首先應該確定他是受到何種類型的信賴。那種情況幾乎是完美到很不真實的地步：何以一切辯護到了他面前都要失敗？何以沒有錯誤或政治上的負面事件損害到他的地位？而弔詭的是，他的諸多失敗甚至還更加鞏固了他的地位？（這可真要讓我們法國的領導者懊惱不已，我們這裡的情況剛巧相反：領導者愈是炫耀自己的開創性及誠意，聲望愈是低落。）但是關鍵正在於對雷根的信賴其實是一種**弔詭的信賴**。正如我們可以區分出真正的睡眠與弔詭的睡眠之不同，我們也應該區分真正的信賴與弔詭的信賴。前者是基於這個人或這位領導者的資質與成功。而弔詭的信賴卻是**拜其失敗或缺乏資質之賜**。此種信賴的原型是預言的失敗，這是在救世主降臨說與千年至福說的歷史中廣被知悉的過程。結果，人們並沒有否定或驅逐他們的領導者，反而緊密團結在他周圍，並創設出宗教、派閥或教會組織來維繫信心。這些組織為了從預言的失敗獲得自身的能量而愈加團結。這種「附加的」信賴從不動搖，因為它源自對失敗的否認。比較起來，雷根的可信性猶是有璀璨奪目的光圈團團環住，這必然會令人以為美國式寓言——結合世界強權與已實現的烏托邦的偉大願景——已經遭到挫折，那個歷經兩個世紀即將達成的想像性勛業並未實現，而雷根就是那個預言的失敗產物。到了雷根時期，一種先前有效的價值體系經由理想化變成了某種想像之物。對美國人自身而言，美國的形象便成了想像性的東西，而且這無疑已到達相當程度的妥協的地步。對我而言，這種由自發的信賴轉變成弔詭的信賴，以及由一個已實現的烏托邦轉變成一個想像性的誇張詞語，似乎標示著一個關鍵性的轉捩點。但無疑地，事情並沒有那麼簡單，因為我並不是說，在美國人自己的眼中，美國的形象深深地改變了。我並不是說，雷根時代的這種方向轉變絕對不是一種意外突變。**誰知道呢**？今天，你想要分辨一個過程與其擬像——譬如說，飛行與模擬飛行——也會有同樣的困難。美國也已進入這種無法做出決策的時代：到底它仍然是個真正的強權，抑或只是強權的擬像？

雷根可以被視為當前美國社會——一個一度擁有權力的原始特質，而現在或許是處在臉部拉皮階段的社會——的象徵嗎？另一個假設可能是說，美國已風光不再，但仍然能夠順勢而為，其國力已進入滯後的階段。滯後現象：事物藉著慣性而繼續發展的過程，甚至在動因消失後，其效應仍持續運作。依此意義，我們可以談論歷史的滯後現象、社會主義的滯後現象，等等。這整個東西繼續發揮功能，就像一部車體，靠著先前就跑起來的速度，或者慣性飛輪，還能繼續行進一段，或像一個無意識的人，全靠平衡的力量而維持站立。或者，舉個更滑稽的例子，就像賈里（Alfred Jarry）[50]的《超級男人》（*Surmâle*）裡的腳踏車騎士，在西伯利亞進行其不可思議之旅時，精疲力竭而亡，但是仍然繼續踩著踏板推進這部大機器（la Grande Machine），將死後的僵硬（rigidité cadavérique）轉變成動力。這是一部絕妙的小說，因為，比起活人來，死者也許更能夠加速行進，讓機器運轉得更順手，**因為死人不再有任何的問題**。美國會不會就是賈里的腳踏車的擴大版？但是，問題又來了。儘管美國這部機器似乎很明顯曾遭受電力中斷或魅力消失之苦，誰能夠說這到底是機械裝置的降壓還是過冷現象的結果？

比起歐洲來，美國當然較少遭受偉大理念的漸癒階段或歷史激情的衰微之苦，因為這些不是它發展的驅動力。然而，美國現在遭逢的是可以與之相抗衡的意識型態的消退，還有跟它對立的強權的衰微。如果說，在第二次世界大

—— 50. 法國超現實主義作家，一八七三—一九〇七。

戰之後的二十年間，美國國勢更為壯大，那是因為以美國為攻擊目標的各種理念和激情也更形強大。美國的體制可以承受劇烈的攻擊（在六〇及七〇年代甚至有來自國內的攻擊）。今天，美國不再擁有同樣的霸權，不再享有相同的壟斷，但就某種意義而言，它既是無人與之競爭，也是無法與之競爭。它過去是一個世界強權，現在變成一個典範（企業、市場、開創性、成就），一個行諸四海皆準的典範，甚至中國也向它看齊。國際風格現在其實就是美國風格。不再有真正與它對立的國家；那些曾與它對抗的邊陲國家現在已被吸收併吞（中國、古巴、越南），偉大的反資本主義意識型態的實質內容已遭掏空。總而言之，整個世界正在以美國為中心而建立共識效應，就像美國國內正以雷根為中心而形成共識一樣。一種可靠性的效應、一種廣告宣傳的效果，讓潛在對手失去它的防禦力。這就是雷根的境遇：逐漸地，所有與他對立的事物、所有他必須面對的問題，都不剩半點，而我們不能因此稱他具有任何政治天分。經由真情表露（effusion）所達成的共識，經由去除敵對成分與邊際之物所達成的共識。政治衰微，而宣傳壯大。在全球事務上，美國也是如此。美國的力量並非來自它的天才（它是靠慣性來運作，在空無中，不時受自己的力量所牽絆）——相對來說，這個國家沉溺在一種鎂光燈聚集、自我宣傳中。美國有一種影響全世界的神話般的宣傳力量，與焦點聚集在雷根身上的宣傳力量相似。正是以這種方式，藉由這種附加價值，這種指數的、自我指涉的、無實際根據的可靠性，整個社會在廣告宣傳的灌輸下獲得穩定。美元在世界交易市場的氾濫正是這種現象的表徵與最佳典例。

然而，這是一種脆弱的後設穩定，不管外在環境還是國內政治情勢都是如此。因為在真正可行的選擇方案消失、阻抗以及抗體散佚之時，這種後設穩定只能是最後的手段。這是美國強權的真正危機，一種由於慣性導致的潛在穩定化危機，一種力量處於空無的假定的危機。在許多方面，它類似一個有機體因受到過度保護而喪失免疫力。這就是為什麼我對雷根罹患癌症感到一種詩意的反諷。癌症的形狀有點類似於那種透明的可靠性、那種身體不再產生抗體並且因為機能過度運作而毀壞的欣快症（euphorie）。這個世界最偉大的強權之領導者遭到癌症襲擊！權力受到癌症轉移的宰制！我們文明的兩極在此交會。總統之免疫力遭到撤除[51]，下一個將會是愛滋病！這應該標示著一個普遍性內爆（implosion générale）的開始（在東方，權力長久以來受到壞疽的宰制）。

但是話說遠了，我們或許談談更年期會比較好。一種大眾狂熱的平息，一種在七〇年代動盪後的重定民心，不再開拓「新疆界」，回復到一種對事務保守的、宣傳式的管理，只求安穩過日，沒有考慮未來，嚴肅踏實與體能訓練，生意與慢跑，嗑藥與放蕩狂歡的終結，企業的自然主義式烏托邦的恢復，與人種生物社會學的保存**復甦**——所有這些豈不皆象徵著權力光澤的結束，與更年期的歇斯底里式欣快症的來襲？或者，再一次地，雷根時代只是暫時的漸癒時期，蕭條之後的復甦，預示著更進一步的發展。但是今日似乎難以想像會有「新疆界」、新的「甘迺迪思維」。的確，這就是美國的時風已經深深改變之處：雷根效應已經削弱了這個國家的能量。

雖說如此，但是這種更年期效應並不專屬於美國，所有西方的民主政體都可以看到這種狀況，而且它正到處宣洩其破壞力，政治上如此，文化上亦復如此，在個人的情感與意識型態的激情上也是。我們只能希望在我們進入第三階

—

51. 作者在此玩弄了一個雙關語，免疫力亦有豁免權的意思，因而也暗指美國國力內部的衰弱。

段——老年——時，也會有某些「第三類接觸」（哎！我們已經領教過我們的中年惡魔——法西斯主義）。至於美國的現實，即使經過臉部拉皮手術後，都還保留它的巨大規模、它的極大尺度，以及一種未遭破壞的原始野性。所有的社會到最後都會戴上面具，所以，為什麼不戴雷根的面具呢？但是，依然原封不動者就是原本在開頭處的東西：空間與虛構的天性。

約

永恆
沙漠

//////////////////////// Desert For Ever

落日是巨大的彩虹，持續一小時之久。季節在這裡毫無意義：早晨是春天，正午是夏天，而沙漠的夜晚凍寒，雖則這裡未曾有過冬季。一種懸止的永恆，每日重新經歷一個年度。並保證日復一日永遠如此，每一個夜晚都會有那道七色彩虹。光線以不可分割的形式統治整個白晝後，於入夜時在這道彩虹——這道在太平洋風浪頂峰乍現的著火彩虹——中分解成深淺濃淡的各種色彩，然後終於消褪無蹤。

這是氣候無懈可擊的恩賜，一種讓人類的瘋狂富足臻於完美的自然優惠。

這個國家沒有希望。商貿交易流暢，交通平順，甚至連垃圾也是整潔乾淨。潛伏之物、乳狀之物、致命之物——生命是如此變動不居，符號和訊息也是如此流動不定，身體和汽車也是如此川流不息，頭髮如此金黃，而軟科技如此蓬勃，不禁令歐洲人夢到死亡與謀殺，夢到自殺汽車旅館，夢到**狂歡放蕩與吃人**（orgy and cannibalism），藉以抵銷海洋、光線、生活荒誕安逸的完美，抵銷這裡一切事物的超度現實。

因而出現了一個地震引起地層斷裂，然後崩塌墜陷太平洋的奇想，妄想這樣可以終結加州，終結其罪惡與可恥的美麗。因為當人還活著的時候，要他超越生存的艱難，只為置身天空、峭壁、衝浪運動與沙漠的流動性中，只為置身幸福的假說中，這會令他無法忍受。

但是，甚至地震的挑釁仍然只是一種與死亡的調情，它仍然構成自然美的一部分，就跟歷史或革命理論一樣，其超度現實主義的回音，連同前人生活無甚突出的魅力，在此一起迎來死亡。那劇烈的與歷史的需求所留存下來的一切，就是沙灘上的這片塗鴉，朝向汪洋，不再呼喚革命的大眾，只對著太平洋的天空與浩瀚大海和諸透明神祇說：

革命，請！

但是，美國最大的海軍基地，太平洋第七艦隊的基地——美國的全球支配權及世界超強武力的具體化——也是這種咄咄逼人的美麗的一部分，這難道無關緊要嗎？就在這個地方，吹拂著聖塔安娜[52]的美麗魔法——越過山巒來此逗留個四、五天的沙漠之風，吹散霧氣，燒灼大地，使海水閃閃發光，颳得那些習於輕霧的人東倒西歪——聖塔安娜最美妙的事就是在沙灘上過夜，當成白天，在那裡游泳，晒成古銅色，在月光之下，就像吸血鬼一樣。

這個國家沒有希望。

對我們這些迷戀美學與意義、文化、風味與誘惑的人來說，對我們這些只認為深具道德意義的事物才配稱美麗的人、我們這些覺得唯有自然與文化之間

—52. 位於美國加州橘郡。

存在著英雄式差異才能夠引人入勝的人、我們這些永遠受限於批判意義與超越的威信的人來說，發現在沙漠中和在城市中令人暈眩和主宰性斷離的魅力及無意義的魅力時，這真是一種心理衝擊和前所未聞的解脫，覺得我們能夠在這種全文化的清算中感到歡欣狂喜，並享受這種「無差異」的祝聖儀式。

我談到美國的沙漠與那些不是城市的城市……沒有綠洲，沒有紀念性建築物，礦物景致與高速公路無數的推移鏡頭。到處：洛杉磯或二十九棕櫚村（Twenty-Nine Palms）、拉斯維加斯或者波瑞哥噴泉（Borrego Springs）……

沒有欲望：沙漠。欲望仍然出自濃厚的自然天性，在歐洲，我們靠欲望的遺跡過日，並靠一種垂死的批判文化的遺跡過日。在美國，城市是機動的沙漠。沒有古蹟，沒有歷史：機動性沙漠與擬像的激奮（exaltation）。在無止盡、冷漠城市中的野性，就跟在惡地[53]裡未經觸碰的沉默一樣。為什麼洛杉磯、為什麼這些沙漠如此迷人？那是因為你從那裡的所有深度中被解救了出來——燦爛、游移及浮淺的中立，挑戰意義也挑戰深奧，挑戰自然也挑戰文化，外部的超度空間（hyper-space），沒有起源，從今往後，也沒有指涉點。

這其中沒有半點魅力、半點誘惑。誘惑在他處，在義大利，在某些已變成名畫的風景裡，如同收藏它們的城市及博物館一樣，在其設計上富含文化意義與精製程序。細描的、界限分明的、高度誘惑的各種空間，在此奢華之至的意

——

53. Badlands，在內布拉斯加州西北部和南達科他州西南部的乾燥地區，為侵蝕景觀及化石的荒蕪地帶。

義終於成為裝飾。而這裡正好相反：沒有誘惑，但有一種絕對的吸引力，那是在一種中立、無目的之輻射光照中，對生活批判與美學形式均消失殆盡的吸引力。內在的（immanente）與太陽的。沙漠的吸引力：無欲的平靜無波。洛杉磯的吸引力：無欲與瘋狂的循環。美學的終結。

消失無蹤的不只是（自然或建築的）裝飾美學，還有身體與語言、所有構成歐洲——尤其是拉丁歐洲——的精神及社會習性的美學，那種連續的**即興喜劇**（commedia dell'arte）、社會關係的誇張辭藻與修辭、戲劇化的言說、語言的微妙攻防、化裝與人為手勢的氛圍。整個誘惑、品味、魅力、戲劇，還有矛盾、暴力的美學與修辭體系，總是一再受到論述、遊戲、距離、手段的控制利用。我們的世界從來不像沙漠，總是充滿了戲劇性。總是曖昧含混。在世代相傳的文化性質上總是帶有文化的、微微荒謬的色彩。

這裡令人吃驚的是所有這些事物的缺乏——城市建築的缺乏（城市只不過是描述體貌特徵的長鏡頭推移），還有一種展現在臉部與身體上，情感與個性駭人的缺乏。俊美、變換不定、柔順，或冷酷，或肥胖滑稽，其原因或許比較不是強迫性食欲過盛，而是一種普遍的不一致，結果造成身體或語言、食物或城市的放肆無拘：一種點狀的、連續的功能之鬆散網絡，一種四處增生的肥大症細胞組織，在所有意義上皆是如此。

如此，城市的唯一組織就是高速公路組織，一種交通工具的、一個不停歇的城際組織，數千輛汽車以同樣的速度雙向移動的非凡壯觀景象，光天化日之下，頭燈齊開，文圖拉高速公路上，沒有來處，也沒有去向：一種巨大的集體行動，滾動著，不停地前進，不具有侵略性，沒有目的地——毫無疑問地，唯有超度現實、科技與柔軟—機動（soft-mobile）時代的遷移社會性（socialité transférentielle）會在浮面、網絡及軟科技中自我消耗殆盡。

洛杉磯沒有電梯或地下鐵。沒有垂直景象或地下室（underground），沒有雜處混居或集體性，沒有街道或建築門面，沒有中心或紀念性建築物：那是一個怪誕的空間、一個幽靈般的連續體（succession）、一個各項功能散亂的斷裂連續體，也是一個絲毫沒有差等意義的連續體——一個無差異的幻境、無差別表面的幻境——純粹的廣延性力量，我們在沙漠中找到的那種力量。沙漠形態的力量：抹除沙漠中的蹤跡，抹除城市中符號的意旨，抹除身體的一切心理學層面。動物的與形而上的魅力——廣延性的直接魅力、乾燥與貧瘠的內在魅力。

加州的神話力量在於景色混合了極端的斷離與令人暈眩的變換不定，這種幻化不定就展現在沙漠、高速公路、海洋與太陽的超度現實劇情裡。沒有其他地方像這裡一樣存在著澈底無文化與自然美、自然奇蹟與絕對擬仿物一拍即合的現象：**這種極端無所指涉與全然斷離的混合，卻埋置於非常原始且具偉大特徵的沙漠和海洋和太陽的自然風景中——其他地方找不到這種互不相容的高潮**。

在其他地方，自然美景擔負著沉重的意義、沉重的懷舊情緒，而文化本身則嚴肅到令人無法忍受。這些強勢文化（墨西哥、日本、伊斯蘭教）映襯出我們的衰微文化與深邃罪惡感。這種強勢的、儀式性的、領土的文化裡的意義增添，把我們變成拉丁國家的英、美國人、安地列斯群島的幽靈、在這個國家的自然景點遭到軟禁的遊客。

加州沒有這樣的事物，那裡有的是全然的嚴峻，因為在那裡，文化本身即是沙漠——文化必須是沙漠，好讓所有的事物都可以依相同的超自然形式獲得平等與耀揚。

這是為什麼從倫敦經北極到洛杉磯的飛行本身，以其同溫層的抽象作用及其超度現實來說，已經是加州與這些沙漠的一部分。去疆域化始於日與夜的分離。當它們的區分不再是時間問題，而是涉及空間、高度及速度，而且直接了當地發生，好似垂直般——當你度過宛如雲朵的夜晚，你看得見它快速掠過，彷彿是一個在附近環繞地球旋轉的物體，或者，相反地，當夜晚完全消失，而太陽在整個十二小時的飛行裡，維持在天空的同一點，那麼，這已然是我們的時空之終結，西方國家未來的仙境或許就是這般情狀。

這種炎熱的奇景是形而上的。連色彩——淡藍色、錦葵紫、丁香紫——都是一個緩慢的、地質的、永恆的燃燒之產物。地底的礦質突破地表，成為晶狀林。這裡的所有自然元素都領教過火的淬鍊。沙漠不再是一種風景，它是一個由所有他物的抽象所產生的純淨形態。

它的定義絕對，它的邊界具有傳授宗教奧義的色彩，它的背脊陡峭，它的輪廓殘酷。這個地方充滿了迫切的需要與無法抗拒的需要的符號，但是缺乏任何意義，不管是獨斷的或是非人性的意義，是個人穿越時，不會去解讀內涵的地方。無可挽回的透明。沙漠城鎮的界域也倏然而斷；沒有圍飾的環境。而且具有海市蜃樓的味道，可能在任何瞬間就消失。只要看看拉斯維加斯，壯觀的拉斯維加斯，在夜幕低垂時沐浴在閃閃磷光裡，從沙漠中整個浮現，然後在耗盡了整夜強烈的、膚淺的能量（在黎明的曙光中這能量愈形強烈）之後，於晨曦時返回沙漠，藉此你便可以掌控沙漠，並且在那裡找到種種符號的祕密：一種蠱惑人的不連續性，一個全面的、間歇的光芒。

這種賭博與沙漠之間祕密的意氣相投：賭博的強度由於環繞城鎮的沙漠而更加強化。賭場內的清涼空調，抵擋著外邊的輻射熱。所有的人造燈火挑戰著劇烈的太陽光線。燈火通明的賭博之夜，這是沙漠深處房舍的燦爛晦暗。賭博本身也是一種沙漠的、無人性的、未開化的、傳授宗教奧義的形態，一種對價值的自然經濟（économie naturelle de la valeur）的挑釁，一種交易邊緣的瘋狂行為。但是它也有嚴格的限制，並且猝然而止；它的界線精確，它的激情沒有惑淆。沙漠和賭博都不是開放的區域：它們的空間都有所侷限，而且具有同心的特質，其向內的強度不斷增加，朝向一個中心點：不管是賭博的精神或沙漠的中心——一個備受偏愛的空間、太古的空間，在此，事物失去其陰影，金錢失去其價值，而且，由於事物的蹤跡與有意義符號的極端稀少，使得我們只想去追尋財富的瞬間得失。

美國

Amérique

Jean Baudrillard

文化思潮 200

作者：尚．布希亞（Jean Baudrillard）｜**譯者**：吳昌杰｜**審閱**：黃雅嫺｜**主編**：湯宗勳｜**編輯**：文雅｜**美術設計**：陳恩安｜**企劃**：王聖惠

董事長：趙政岷／**出版者**：時報文化出版企業股份有限公司／108019台北市和平西路三段240號1-7樓／**發行專線**：02-2306-6842／**讀者服務專線**：0800-231-705；02-2304-7103／**讀者服務傳真**：02-2304-6858／**郵撥**：1934-4724 時報文化出版公司／**信箱**：10899台北華江橋郵局第99信箱｜**時報悅讀網**：www.readingtimes.com.tw｜**電子郵箱**：new@readingtimes.com.tw｜**法律顧問**：理律法律事務所／陳長文律師、李念祖律師｜**印刷**：勁達印刷有限公司｜**二版一刷**：2020年5月22日｜**定價**：新台幣320元

時報文化出版公司成立於一九七五年，並於一九九九年股票上櫃公開發行，於二〇〇八年脫離中時集團非屬旺中，以「尊重智慧與創意的文化事業」為信念。

美國｜尚．布希亞（Jean Baudrillard） 著；吳昌杰 譯一二版.--｜臺北市：時報文化，2020.5；240面；13×19公分. --｜（文化思潮；200）｜譯自：Amérique｜ISBN 978-957-13-8162-6（平裝）｜1.布希亞（Baudrillard, Jean, 1929-2007）2.遊記 3.旅遊文學 4.美國｜752.9｜109004171

ISBN：978-957-13-8162-6
Printed in Taiwan